Investimento privado e desenvolvimento

Marta Porto (org.)
Pesquisa André Urani e Mônica de Roure
Colaboração Cindy Lessa
Prefácio Sergio Amoroso

Marcos Arruda, Nísia Duarte Werneck, Isabella Rosado Nunes, Ricardo Paes de Barros e Mirela de Carvalho

Investimento privado e desenvolvimento: balanço e desafios

Investimento privado e desenvolvimento: balanço e desafios.
© Marta Porto (org.), 2005.

Direitos desta edição reservados a (X) BRASIL e ao Serviço Nacional de Aprendizagem Comercial –
Administração Regional do Rio de Janeiro.

(X) BRASIL
Praia do Flamengo, 100 – Cobertura
Flamengo – Rio de Janeiro – RJ
CEP: 22.210 – 030
Tel.: (21) 2558-8781 – Fax: (21) 2557-7344
www.xbrasil.net I xbrasil@xbrasil.net

Série Desafios de Hoje
Volume 1

Coordenação editorial da Série
Marta Porto

Apoio
Synergos Institute

SENAC RIO
Presidente do Conselho Regional
Orlando Diniz

Diretor Regional
Décio Zanirato Júnior

Editora Senac Rio
Av. Franklin Roosevelt, 126/604
Centro – Rio de Janeiro – RJ
CEP: 20.021–120
Tel.: (21) 2240-2045 – Fax: (21) 2240-9656
Depto. Comercial: (21) 2582-5583
www.rj.senac.br/editora

Editor
José Carlos de Souza Junior

Coordenação de prospecção editorial
Marianna Teixeira Soares e Mariana Varzea

Coordenação editorial
Karine Fajardo

Coordenação e revisão técnica
Centro de Educação para o Trabalho
e a Cidadania do Senac Rio

Copidesque
Anna Catharina Siqueira

Revisão
Cynthia Azevedo e Lilia Zanetti

*Coordenação de arte, projeto gráfico
e diagramação*
Andréa Ayer

Capa
Cacau Mendes

Fotos
João Roberto Ripper

Assistente de produção
Juliana Andrade

Impressão
Editora Gráfica Bernardi

1ª edição: junho de 2005
Tiragem: 5 mil exemplares

CIP-BRASIL.CATALOGAÇÃO-NA-FONTE
SINDICATO NACIONAL DOS EDITORES DE LIVROS, RJ.

U6li

Urani, André, 1960–
    Investimento privado e desenvolvimento : balanço e desafios/ André Urani, Mônica de Roure ;
    colaboração Cindy Lessa ; ensaios Marcos Arruda...[et al.] ; organização e coordenação Marta Porto.
– Rio de Janeiro : Editora Senac Rio : (X) Brasil, 2005
136p. :il. ; . – (Desafios de hoje ; 1)

16 x 23cm

Inclui bibliografia
ISBN: 85-87864-70-X

1. Investimentos institucionais – Brasil. 2. Desenvolvimento econômico – Aspectos sociais – Brasil.
3. Desenvolvimento social. 4. Responsabilidade social – Brasil.
I. Roure, Mônica de., 1956 –. II. Porto, Marta. III. (X) Brasil. IV. Título. V. Série.

05-1569.

CDD 338.981
CDU 330.34(81)

"Sem o setor privado, o desenvolvimento sustentável
continuará sendo apenas um sonho distante.
Não estamos pedindo às empresas que façam
algo diferente de seus próprios negócios;
estamos pedindo para fazerem
seus negócios de maneira diferente."
Kofi Annan, Secretário-Geral da ONU

"Para tudo na vida é preciso ter
ciência, consciência e paciência."
Dito popular de Mauriti (CE)

Beneficiamo-nos de muitas idéias de Marta Porto
e Terence Gallagher, a quem agradecemos especialmente.

A Roberto Barbeiro e Antônio Takano, do Grupo Takano,
que nos estimularam a desenvolver a pesquisa que originou
este livro, pelo financiamento de nossos trabalhos.

A toda a equipe da Takano Cidadania e aos membros
do Instituto de Estudos do Trabalho e Sociedade, que,
em 2003, nos deram o suporte necessário para o extenso
trabalho de verificação de dados e revisão bibliográfica.

A todos que colaboraram com o processo de pesquisa,
respondendo as entrevistas e participando de seminários
e oficinas, em especial a Sergio Amoroso, Sueli Carneiro,
Ciro Gomes, Ana Toni, Maria Luíza Pinto, Andréa
Tissembaum, Lia Diskin, Sérgio Mindlin, Ricardo Henriques,
Luiz Chor, Ricardo Paes de Barros, José Guilherme Reis,
Alexandre Machado, Eduardo Eugênio Gouveia Vieira,
Judi Cavalcanti, Leno Silva, Guilherme Leal, Jorge Eduardo
Durão e Rubens Naves.

André Urani e Mônica de Roure

apresentação senac rio

Mônica Volpato
Centro de Educação para o Trabalho e a Cidadania

Contribuir para o desenvolvimento do País por meio de ações relacionadas com a responsabilidade social. Esta é a proposta do Senac Rio ao apresentar esta obra que destaca a importância do investimento social privado para o crescimento do Brasil.

Com base em críticas e diagnósticos traçados por profissionais experientes que, embora de perfis heterogêneos, têm em comum a preocupação com a questão social brasileira, esta publicação procura lançar um novo olhar sobre antigos problemas como a desigualdade social e a concentração de renda.

Atento às transformações do mundo globalizado e alinhado às novas tendências de gestão empresarial, o Centro de Educação para o Trabalho e a Cidadania do Senac Rio, com este livro, oferece sua contribuição para a formação de gestores capazes de interagir com o mercado e acompanhar inovações, da forma comprometida que os novos tempos exigem.

apresentação

Marta Porto
Organizadora

No verão de 2002, reunidos em um seminário no Instituto de Estudos do Trabalho e Sociedade (Iets), começamos a defender a necessidade de um balanço da contribuição dos investimentos sociais privados na melhoria da vida dos brasileiros, tomando como base os principais indicadores socioeconômicos do País.

Alguns meses depois, ao assumir a coordenação do projeto de Responsabilidade Social Corporativa ligado ao grupo gráfico e editorial Takano, tive a oportunidade de apresentar à sua diretoria o desafio de uma pesquisa nesse campo. Roberto Barbeiro, presidente-executivo em exercício, não só apoiou entusiasticamente a idéia como colaborou ao longo do seu desenvolvimento com questões que motivaram outros olhares na pesquisa e na elaboração deste documento que ora editamos.

O desafio exigia sensibilidade social, consistência técnica para operar com macroindicadores e experiência profissional com projetos e políticas de desenvolvimento. Assim, a opção foi reunir um grupo com perfil heterogêneo, formado por profissionais de inegável reconhecimento em seus setores de atuação e experiências complementares. O economista André Urani, diretor-presidente do Iets, a socióloga Mônica de Roure, ex-diretora de Operações Internacionais da

Ashoka Empreendedores Sociais e atual diretora da Innovatio, foram os escolhidos, contando com a contribuição de Cindy Lessa, diretora do Synergos Institute. Juntos, desenvolveram essa tarefa que, ao longo de um ano e meio, mostrou-se desafiadora não só pelas diferenças de olhares sobre o objeto de estudo – a importância do investimento social privado no desenvolvimento do Brasil –, mas especialmente pela fragmentação de informações demonstrada pelo setor e pela dificuldade de se perceber uma visão orientadora dos gestores, articulada com os problemas nacionais.

Vencidos esses obstáculos iniciais, acompanhamos um processo maduro e corajoso, por trazer a público questões pouco discutidas nos fóruns dedicados a esse tema. Representantes do empresariado, de organizações não-governamentais e do movimento social foram ouvidos e entrevistados, deixando suas percepções e dúvidas incorporadas no desenho do diagnóstico e no desenvolvimento do documento final. A todos, agradecemos imensamente.

Esta publicação é resultado desse diagnóstico e das sugestões propostas pelos autores. Este trabalho foi realizado por esse grupo de profissionais selecionado e coordenado pela diretoria de Responsabilidade Social do Grupo Takano entre abril de 2003 e fevereiro de 2004. Para comentar o documento final, convidamos seis especialistas – o economista e educador do Instituto de Políticas Alternativas para o Cone Sul (Pacs), Marcos Arruda; a consultora na área de Responsabilidade Social Corporativa e de Gestão para o Terceiro Setor, Nisia Duarte Werneck; a gerente da Assessoria de Responsabilidade Social Empresarial da Federação das Indústrias do Estado do Rio de Janeiro (Firjan), Isabella Rosado Nunes; e os economistas Ricardo Paes de Barros e Mirela de Carvalho, ambos do Instituto de Pesquisa Econômica Aplicada (Ipea) que, com base em suas áreas de atuação, contribuíram enormemente com visões e propostas complementares. Esses comentários críticos estão publicados em forma de ensaios e podem ser verificados pelos leitores na segunda parte deste livro.

A publicação está dividida em duas seções. Na primeira, Urani e Roure apresentam um amplo diagnóstico das principais causas e conseqüências da desigualdade no Brasil, mostrando que, apesar dos esforços concentrados e do aporte de recursos alocados em políticas sociais, públicas e privadas, o quadro de desigualdades e concentração de renda permanece quase inalterado. E demonstram que vencer esse quadro impõe um alto grau de consciência social de toda a sociedade, rigor nos processos de avaliação dos programas em curso e, especialmente, articulação entre os agentes e as iniciativas propostas. Ainda nessa seção, os autores analisam o papel do investimento social privado na construção do que intitulam "uma agenda compartilhada de desenvolvimento", propondo três grandes campos de atuação para o setor privado: a) o investimento em movimentos sociais ligados aos segmentos mais desfavorecidos da sociedade; b) o envolvimento direto das empresas com os diferentes níveis de governo e com entidades da sociedade civil, na produção e disseminação de bens e serviços públicos; e c) o investimento em sistemas de informação socioeconômica, especialmente em diagnóstico, monitoramento e avaliação de políticas públicas. Cada um desses campos é minuciosamente explorado pelos autores, tecendo críticas consistentes ao atual modelo de participação das empresas em causas públicas e sugerindo alternativas para o melhor aproveitamento desses recursos humanos e financeiros.

Na segunda seção, apresentamos os comentários dos seis convidados, cada um destacando aspectos diferentes do documento desenvolvido na primeira parte deste livro. Arruda propõe uma aliança estratégica do setor privado com o Estado e outros atores sociais, para a construção de uma economia solidária, o que exige a adoção de um novo paradigma de desenvolvimento econômico e sustentável, tema ao qual vem se dedicando nas últimas décadas à frente do Pacs. Werneck enfatiza a mudança ocorrida nos últimos anos na consciência de donos, acionistas e dirigentes de empresas na busca de soluções conjuntas para o futuro do País, porém ressalta que construir uma teoria da Responsabilidade Social Corporativa ainda é uma tarefa incompleta e necessária. Nunes apresenta em seu ensaio um histórico interessante da origem do movimento de Responsabilidade Social Empresarial, dando ênfase para a atuação da Firjan, com a formação do Conselho e do Núcleo de Responsabilidade Social. Já Barros e Carvalho apresentam um diagnóstico da política social brasileira atual e suas limitações para alcançar maior efetividade no combate à pobreza, analisando na seção final o papel do setor privado nesse contexto. Defendem, nesse ensaio, que a contribuição social das empresas deve ser compreendida como aquela que provém de renúncias voluntárias de lucro, não se enquadrando nessa definição o pagamento de impostos nem o financiamento de atividades culturais ou esportivas que visam à promoção e à maximização do lucro.

No conjunto, os autores concordam que processos de avaliação mais consistentes e articulados com os desafios do País devam ser priorizados nesse momento.

Esse certamente é o desafio a ser vencido: não há mais como avaliar a participação dos recursos oriundos de empresas privadas de capital nacional ou internacional em ações de desenvolvimento – social, econômico, cultural ou ambiental – apenas pelos indicadores sugeridos pelos próprios projetos, que, no limite, medem se as intenções do gestor foram ou não cumpridas e não a adequação dessas motivações à realidade de que o País e os brasileiros necessitam.

Existem, sem dúvida, e os ensaios destacam isso, importantes contribuições, *cases* de sucesso, gestores premiados. Há uma evidente tomada de consciência de que o destino do Brasil depende de um esforço conjunto e de um sentido de co-responsabilidade social. Mas, nesse cenário de crescentes boas intenções, há também perguntas simples sem respostas – quais os parâmetros considerados na hora de decidir entre um programa e outro, qual o grau de articulação com os poderes locais e com os informes de governo ou de organismos internacionais, o que se pretende é realizar um projeto ou contribuir para encontrar saídas estratégicas para problemas em que muitos estão envolvidos? –, desarticulação, pouca informação dos responsáveis sobre a situação socioeconômica do Brasil e baixa utilização de pesquisas e informes do governo ou de organismos internacionais nos planejamentos corporativos. Características que certamente comprometem a capacidade decisória de investimentos importantes, mas que, por outro lado, não minimizam as ações empreendidas e nem as boas motivações que as geram.

É preciso, sim, um esforço concentrado de todos os atores sociais para vencer a fragmentação e evitar que o campo social do País seja caracterizado pela soma de projetos bem intencionados, mas que não convergem para estruturar processos maduros e articulados que sejam capazes de superar nossos principais problemas: a enorme concentração de renda e de ativos socioculturais, a melhoria dos serviços ofertados na esfera pública, a qualidade da educação.

Esse é o sentido de co-responsabilidade defendido por todos os autores que participam dessa publicação. Há espaços não preenchidos pelo investimento social privado que podem mudar significativamente, e para melhor, o impacto desses recursos. Como afirmam os autores:

> O papel que cabe ao setor privado não se limita a realizar os investimentos necessários à retomada do crescimento econômico e a ser socialmente responsável. Há um amplo espaço para que o setor privado, sem se desviar de sua vocação primeira de buscar lucro, atue no combate às causas da desigualdade de renda e, portanto, da pobreza.

Esperamos que esta publicação colabore para estimular outros olhares sobre a participação das empresas no desenvolvimento do Brasil, formando massa crítica que ajude os responsáveis por esses programas a ocuparem os espaços propostos pelos autores. E, com isso, acelerar a tarefa de transformar para melhor o padrão socioeconômico do País, possibilitando às novas gerações usufruírem de um ambiente mais generoso e com melhores oportunidades.

sumário

Prefácio 19
Sergio Amoroso

O setor privado na promoção do desenvolvimento do Brasil 23
André Urani e Mônica de Roure

Responsabilidade social corporativa e economia solidária 69
Marcos Arruda

Responsabilidade social corporativa, direitos humanos e projeto de nação . . 85
Nisia Duarte Werneck

As pessoas, a empresa e a sociedade 95
Isabella Rosado Nunes

A política social brasileira 109
Ricardo Paes de Barros e Mirela de Carvalho

Sobre os autores 133

prefácio

Sergio Amoroso
Empresário, presidente do Grupo Orsa e instituidor da Fundação Orsa.
É também vice-presidente da Associação Brasileira de Papel Ondulado (ABPO)
e membro de diversos conselhos e associações da sociedade civil.

"Sem a eficiência de gestão, não haverá solução." Há pouco tempo, ouvi essa frase do consagrado economista norte-americano Jeffrey Sachs, e acredito que ela resume a condição primeira para o desenvolvimento sustentável em nosso país e no mundo. Sem dúvida, o envolvimento do empresariado na busca de soluções para os problemas sociais do Brasil é fundamental. Pelo fato de lidarem com a diversidade do mundo dos negócios, os empresários são obrigados a enxergar resultados mais efetivos a médio e longo prazos. E, com essa *expertise*, são capazes de criar modelos que tragam efetividade nos resultados, tanto em impacto social como em custos.

O leitor deve estar se questionando nesse momento: mas resolver o social não é problema do governo? Por que as empresas têm de ser cobradas em relação a isso? Se o empresário atua corretamente, gera empregos e riqueza, paga impostos, exporta divisas, por que também tem de ser responsável pela solução dos problemas sociais? E aí eu respondo: porque a solução dos problemas sociais passa pelo desenvolvimento sustentável. Não se trata de resolver os problemas de forma isolada, mas de criar condições para a sustentabilidade. E as empresas têm de ser envolvidas nisso, assim como os consumidores, o governo e as entidades. A tomada de consciência é uma questão de visão da Sociedade do Futuro, ou seja, todos somos responsáveis.

Nesse sentido, acredito que a divisão entre primeiro, segundo e terceiro setores, por insinuar um limite dos campos de ação, é uma contradição entre tantas outras com as quais convivemos. A desigualdade social só vai ser reduzida quando a sociedade começar a atuar em rede e não ficar esperando que o governo resolva tudo. É ele quem tem os recursos, mas somos nós, empresários, que temos visão de negócio e podemos contribuir com modelos de gestão que podem ser testados sem a pressão política pela qual passam os governos – e, portanto, com mais chance de sucesso. Mostrar "como se faz" é a melhor maneira de o setor privado cobrar eficiência do governo na área social. O papel do Terceiro Setor nada mais é do que atuar como um "laboratório social", aquele que está bem perto dos problemas sociais, detectando necessidades e experimentando programas e projetos a serem adotados como políticas públicas.

Assim, como bem se propõem a mostrar André Urani e Mônica de Roure neste livro sobre o papel do setor privado no desenvolvimento do País, a atuação do empresariado não pode estar limitada à participação no PIB (Produto Interno Bruto), à ética e à atuação social e ambientalmente responsável. Há espaço para o setor privado contribuir na busca de soluções para o combate à pobreza e, como afirmou o economista Sachs, se não houver esse engajamento, não haverá "solução do social".

Além disso, já não se trata mais de uma opção. A promoção do desenvolvimento é hoje condição fundamental para a "saúde" de qualquer empresa. Não acho exagero afirmar que, num futuro muito próximo, a tão aclamada Responsabilidade Social Empresarial (RSE) vai ser uma demanda estratégica da sociedade. Em cinqüenta anos, no máximo, a atuação social das empresas será cobrada na mesma proporção da eficiência de seus negócios. Quem não tiver uma ação social sólida e eficiente será simplesmente "desqualificado" do mercado, mesmo atuando com eficiência e bons produtos.

Nesse contexto, existe uma palavra que define muito bem qual deve ser a atitude do empresário e dos demais agentes na questão social: CONVICÇÃO. Se não for assim, por convicção, diante da primeira dificuldade, o empresário cortará o investimento social. A Responsabilidade Social Empresarial é, antes de tudo, uma tomada de consciência. Precisa ser muito mais do que uma decisão estratégica ou, como fazem os oportunistas, matéria-prima para visibilidade e *marketing*. Ainda ouso dizer: vai além do comprometimento com a ética e a cidadania. A RSE deve estar baseada em convicções e focada na resolução de problemas, e esse é o primeiro passo para a construção e implementação de modelos sustentáveis.

O empresário nem deve entrar no campo social se não tiver a intenção de ajudar o País a resolver pelo menos um de seus tantos problemas. Se a idéia for só realizar projetos isolados, colocar um *band-aid* na ferida, de nada adiantará essa "boa intenção".

Muito mais que na responsabilidade social, o setor privado precisa pensar na sociedade do futuro, criando negócios com um "DNA social" e modelos que possam ser replicados a médio e longo prazos. Ou seja, a geração de emprego e renda para as comunidades menos favorecidas, o incentivo à cultura e o direito a saúde e educação têm de ser inerentes ao *business*. Porque um empreendimento privado tradicional, por mais responsável que venha a ser, é limitado em sua capacidade de equilibrar a distribuição da riqueza.

Acredito que as empresas são suficientemente dinâmicas e inteligentes para absorverem a responsabilidade social e o compromisso com o desenvolvimento de negócios sustentáveis em suas estruturas de custos. Qualidade total e questões ambientais são exemplos recentes que, na época, eram considerados inviáveis e, hoje, quem não as domina tem dificuldades de sobrevivência. O compromisso com a sustentabilidade e com o consumo responsável seguirá o mesmo caminho. E com ele surgirão novos desafios, novas visões.

Dentro desse contexto, o empresariado será capaz de ajudar o País a criar um modelo com políticas públicas que abranjam, ao mesmo tempo, questões econômicas, ambientais e sociais, para a construção de uma sociedade mais justa.

O setor privado na promoção do desenvolvimento do Brasil

André Urani e Mônica de Roure

O BRASIL ESTÁ PRONTO PARA ENVEREDAR POR UM NOVO PROCESSO DE DESENVOLvimento, que deverá ter como prioridade absoluta o combate à pobreza. Nesse sentido, não basta retomar o crescimento econômico de forma sustentada: dadas as condições atuais do País, é preciso reduzir – e de forma consistente – a desigualdade de renda.

A desigualdade é, de fato, a principal causa da pobreza no Brasil. Estimativas recentes do Instituto de Pesquisa Econômica Aplicada (Ipea) mostram que, se tivéssemos uma desigualdade de renda compatível com nossa renda *per capita*, segundo os padrões vigentes internacionalmente, teríamos 60% a menos de pobres. Isso significa que a maior parte das pessoas que vivem abaixo da linha de pobreza no Brasil não se encontra nessa situação porque o País seja incapaz de gerar renda, mas porque há um excesso de disparidade no interior da sociedade brasileira que contrasta com o resto do mundo.

O modelo de desenvolvimento de que precisamos hoje, portanto, não se assemelha em nada ao que deixamos para trás, no limiar das décadas de 1970 e 1980. Aquele era capaz de promover o crescimento econômico, mas também concentrava a renda e provocava agudos desequilíbrios macroeconômicos e ambientais. O desafio hoje é crescer mais do que fomos capazes de fazê-lo durante os últimos 25 anos, mantendo a estabilidade macroeconômica conquistada a duras penas ao longo da última década, respeitando o meio ambiente e, sobretudo, diminuindo o fosso social que nos distingue.

Implantar um modelo de desenvolvimento com essas características não é tarefa apenas para o governo; não se trata de um PROJETO, mas de um PROCESSO que só poderá avançar à medida que for capaz de envolver diferentes níveis de governo, sociedade civil e setor privado.

O ponto principal defendido neste artigo é o de que não cabe ao setor privado, nesse desenho, limitar-se a REALIZAR OS INVESTIMENTOS NECESSÁRIOS À RETOMADA DO CRESCIMENTO ECONÔMICO e a ser SOCIALMENTE RESPONSÁVEL. Pretende-se provar que há um amplo espaço para que o setor privado, sem se desviar da vocação primeira de buscar lucro, atue no combate às causas da desigualdade de renda e, portanto, da pobreza.

Esse espaço pode ser subdividido em três grandes campos de atuação:

a) O investimento em movimentos sociais ligados aos segmentos mais desfavorecidos da sociedade (mulheres, crianças, negros, portadores de deficiências, micro e pequenas empresas etc.);

b) O envolvimento direto das empresas em parceria com outras, diferentes níveis de governo e entidades da sociedade civil na produção e disseminação de bens e serviços públicos, sobretudo em programas voltados para a promoção do desenvolvimento local; e

c) O investimento em sistemas de informações socioeconômicas e, mais especificamente, em diagnóstico, monitoramento e avaliação de políticas públicas.

Para fundamentar tais argumentos, a próxima seção descreve os principais traços da desigualdade no Brasil, suas causas e conseqüências. Na segunda, apontam-se caminhos a serem percorridos, em termos de reformas institucionais, para que a economia brasileira seja capaz de funcionar de maneira a gerar mais bem-estar para o conjunto da sociedade. A terceira mostra que a capacidade do setor público brasileiro para amenizar as conseqüências da desigualdade sobre a qualidade de vida de um grande número de brasileiros está condicionada a mudanças políticas e institucionais mais do que à simples retomada do crescimento, ou a um aumento de sua presença na economia como um todo. Por fim, a quarta e última seção resume as principais conclusões e propostas deste estudo.

1 DIMENSÕES, CAUSAS E CONSEQÜÊNCIAS DA DESIGUALDADE NO BRASIL

As conseqüências da desigualdade se tornaram insuportáveis para todos. De um ponto de vista ético, é intolerável que um terço dos brasileiros continue vivendo aquém de suas necessidades básicas de consumo, em um país cuja renda *per capita* é relativamente elevada para os padrões internacionais (78% da população mundial vivem em países cuja renda *per capita*, corrigida pela paridade de poder de compra, é inferior à nossa) e em que uma parcela considerável da população tem um padrão de vida comparável ao das camadas médias e altas dos países mais desenvolvidos. De um ponto de vista econômico, não podemos continuar nos contentando com um crescimento medíocre e com a nossa falta de preparo para nos inserirmos de forma competitiva no mundo globalizado. Por fim, seja qual for a perspectiva de visão adotada, torna-se inviável a violência endêmica dos grandes centros urbanos, que corrói nossa esperança de vida e afugenta os investimentos que seriam necessários para a economia crescer de forma sustentável, gerando mais e melhores postos de trabalho.

A desigualdade de renda no Brasil, além de ser muito alta para os padrões internacionais, mantém-se praticamente inalterada desde que há condições de medi-la. O Gráfico 1 compara a repartição da renda entre as diferentes camadas da sociedade de 1981 a 2001, demonstrando como quase nada se alterou. De fato, constata-se, por exemplo, que a proporção da renda retida nas mãos dos 10% mais ricos da população se mantém estável em torno de 47% da renda total. No outro extremo, pode-se verificar que a parcela destinada à metade mais pobre da população é de aproximadamente 13%, o que praticamente equivale à participação do 1% mais rico.[1]

Gráfico 1 – Evolução da porcentagem da renda apropriada pelos diversos segmentos sociais.

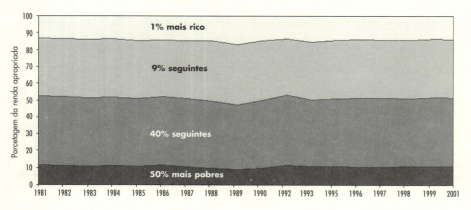

Fonte: Iets, a partir de tabulações especiais da Pesquisa Nacional por Amostra de Domicílios (PNAD/IBGE) de 1981 a 2001.
Nota: Nos anos de 1991, 1994 e 2000 a PNAD não foi a campo.

Ligada à naturalização da desigualdade, mas também constituída por um núcleo peculiar e independente de percepções sociais, está a invisibilidade da pobreza. Embora se concentrem cada vez mais nas cidades e, sobretudo, nas favelas, nos cortiços e nas ruas das grandes regiões metropolitanas, os pobres continuam, em sua maioria, invisíveis aos olhos da opinião pública e, portanto, dos formuladores e gestores das políticas públicas.

Costuma-se chamar de classe média no Brasil as pessoas que têm um padrão de consumo semelhante ao da classe média dos países da OCDE.[2] Aqui, essas pessoas estão entre as mais ricas do País. A Tabela 1 mostra que, em 2002, um indivíduo com renda familiar *per capita* mensal de R$ 815,00 já se encontrava entre os 10% mais ricos do País. Os grupos "pobres" mais visíveis, demandantes ou articulados, como diversas categorias de "colarinho azul" – os prestadores de serviços domésticos para famílias abastadas e as categorias inferiores do setor público –, são, no sentido estatístico, as verdadeiras camadas médias da sociedade brasileira, situando-se na parte central da distribuição de renda. De fato, a maioria desses indivíduos considerados "pobres" sobrevive com uma renda familiar *per capita* superior a R$ 196,00 mensais, tornando-se, assim, mais ricos do que a metade da população brasileira, conforme mostra a tabela a seguir.[3]

Tabela 1 – Renda familiar *per capita*.

1% mais rico	Mais de R$ 3.151,00
10% mais ricos	Mais de R$ 815,00
25% mais ricos	Mais de R$ 397,00
50% mais ricos	Mais de R$ 196,00
75% mais ricos	Mais de R$ 96,00
90% mais ricos	Mais de R$ 50,00

Fonte: Iets, com base em tabulações especiais da Pesquisa Nacional de Amostras de Domicílios (PNAD) — IBGE (setembro de 2002).

No Brasil, os extremamente ricos, os ricos e até os membros das camadas médias costumam operar socialmente como aliados para garantir acesso privilegiado aos recursos e bens públicos, em detrimento dos pobres e indigentes. Por conseguinte, cerca de um terço da população brasileira está soterrada na base da pirâmide social, amordaçada pela própria ignorância e camuflada até mesmo nos ambientes socialmente heterogêneos em que habitam. Esses são os pobres invisíveis e constituem o cerne do projeto de desenvolvimento proposto neste artigo.

Entretanto, as pesquisas domiciliares do Instituto Brasileiro de Geografia e Estatística (IBGE) permitem perceber que os cerca de 63 milhões de pobres e indigentes do Brasil possuem características bem delineadas:

a) São, sobretudo, AFRO-DESCENDENTES. Este grupo representa quase metade (46%) da população total, mas se alça a 63% entre os pobres e a 70% entre os indigentes. A Tabela 2 apresenta alguns indicadores das diferenças ainda existentes nas condições de vida entre brancos e negros no Brasil, segundo a PNAD 2002.

Tabela 2 – Indicadores de bem-estar, por raça do chefe de família.

	Total	Brancos	Negros
Indigentes (%)	13,4	7,8	19,5
Pobres (%)	32,9	22,0	45,0
Taxa (%) de desemprego	9,1	8,1	10,3
Salário médio (R$ de setembro 2002)	538	697	341
Taxa (%) de analfabetismo de adultos	11,8	7,5	17,2
Número médio de anos de estudo	6,1	7,0	4,9
Taxa (%) de analfabetismo infantil	3,8	2,0	5,6
Defasagem escolar média	1,5	0,8	1,9
Domicílios com telefone fixo (%)	52,8	62,9	39,9
Domicílios com máquina de lavar (%)	34,0	45,3	19,3

Fonte: Iets, com base em tabulações especiais da PNAD/IBGE 2002.

b) Estão sobre-representados entre as CRIANÇAS: mais de 50% com até dois anos de idade são pobres. Isto se explica, pelo menos em parte, pelo fato de tais grupos apresentarem taxas de fecundidade mais elevadas que os demais: o tamanho médio da família entre os indigentes é de quase 5,5 pessoas, contra 3,1 pessoas entre o 1% mais rico da população;

c) São MORADORES DAS ÁREAS RURAIS DA REGIÃO NORDESTE E DAS REGIÕES METROPOLITANAS, ESPECIALMENTE DO SUDESTE. Quase 60% dos indigentes e 50% dos pobres brasileiros vivem na Região Nordeste;

d) São membros de famílias chefiadas por ADULTOS DE BAIXA ESCOLARIDADE: quase três quartos dos chefes de famílias pobres e indigentes têm, no máximo, quatro anos de estudos completos; e
e) São membros de famílias chefiadas por trabalhadores ligados a MICRO E PEQUENAS EMPRESAS. Setenta por cento dos indigentes estão, de fato, em famílias chefiadas por trabalhadores autônomos ou por empregados sem carteira assinada.

O fato de a desigualdade de renda ser a principal explicação da pobreza no Brasil está ilustrado no Gráfico 2. Nele vê-se, de um lado (ver pontos), a relação observada – em diferentes países – entre o desenvolvimento econômico (medido pelo PIB *per capita* corrigido pela paridade de poder de compra) e a proporção de pobres; de outro (ver linha contínua), a relação estimada, no cenário internacional, entre essas duas variáveis; esta linha exprime, em outras palavras, aquela que pode ser considerada a relação "normal", para os padrões internacionais, entre desenvolvimento econômico e pobreza.

Gráfico 2 – Relação entre nível de pobreza (medido pela porcentagem de pobres) e renda *per capita* para um conjunto selecionado de países.

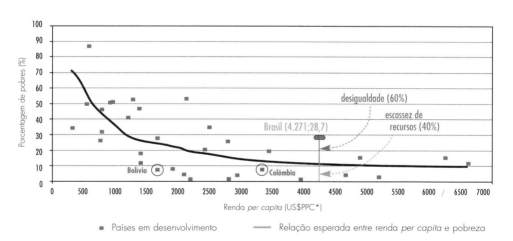

* Nota: Paridade de Poder de Compra (PPC): ajuste da renda *per capita*, em US$, ao custo de vida de cada país.
Fonte: *World Development Report*, 1999.

Percebe-se, neste gráfico, que o ponto que representa o Brasil se situa acima da linha contínua: ou seja, nosso país possui uma proporção de pobres superior àquela que seria de se esperar em uma nação com sua renda *per capita*. Essa distância entre o ponto observado e a linha estimada (em que a proporção de pobres é aquela que poderia ser considerada "normal" em um país com nossa capacidade de geração de renda) corresponde a 60% da pobreza total. Isso significa que, segundo os padrões internacionais, caso a desigualdade de renda fosse condizente com o grau de desenvolvimento econômico do Brasil, teríamos hoje 60% (ou mais de 30 milhões) a menos de pobres.

Esse mesmo gráfico mostra que a proporção de pobres existente hoje no Brasil poderia ser considerada normal em um país com renda *per capita* 3,5 vezes menor que a nossa. Mesmo quando comparado a países latino-americanos com rendas *per capita* significativamente inferiores à brasileira, observa-se que o nível de pobreza em nosso país é superior.[4]

Ao se pretender que o discurso de uma agenda social para o Brasil passe efetivamente pela redução da pobreza, não há como desconsiderar o tema da desigualdade social. Isso não significa que não seja imprescindível crescer; ao contrário, o crescimento econômico é fundamental, posto que a simples redistribuição não resolve o problema e, pior, torna o custo político da redistribuição muito elevado. O crescimento "lubrifica" a economia e facilita as mudanças na participação na renda total das diferentes camadas sociais. Por outro lado, para reduzir a desigualdade é necessário combater o "crescimentismo", ou seja, o crescimento pelo crescimento – que pressupõe a manutenção dos privilégios e a geração e reprodução de desigualdades e ineficiências.

Nós, brasileiros, no entanto, nos acostumamos com a desigualdade; lidamos com ela como se fosse algo natural, como se não fosse decorrência de um processo histórico específico, ou de uma construção econômica, social e política deliberada. A naturalização da desigualdade finca-se em raízes históricas e culturais profundas, ligadas à escravidão e à sua abolição tardia, passiva e paternalista, ao caráter inicialmente elitista (República Velha) e, depois, corporativista (Era Vargas) de parte considerável do período republicano. Esta desigualdade resulta de um acordo social excludente que não reconhece a cidadania para todos, no qual a cidadania dos incluídos é distinta da dos excluídos e, em decorrência, também são distintos os direitos, as oportunidades e os horizontes.

O desequilíbrio de renda deriva da desigualdade de acesso a um vasto e heterogêneo conjunto de ativos que constituem a riqueza: educação, propriedade, crédito, informação, infra-estrutura etc. Reduzi-la passa, assim, por democratizar o acesso a esses ativos.

Observa-se, desde já, que a oferta de tais ativos, no Brasil de hoje, encontra-se compartilhada entre diferentes níveis de governo, entidades da sociedade civil e empresas privadas. O que implica que estratégias de ampliação de acesso devem necessariamente contemplar esse vasto e heterogêneo conjunto de atores.

2 UMA AGENDA COMPARTILHADA DE DESENVOLVIMENTO

2.1 Do nacional-desenvolvimentismo ao desenvolvimento com justiça social[5]

Poucos países tiveram tanto êxito com estratégias de desenvolvimento baseadas na substituição de importações quanto o Brasil. Entre o fim da Segunda Guerra Mundial e o início da década de 1980, o PIB brasileiro se multiplicou por 11, ao passo que a produção industrial se multiplicou por 16 (ambos em termos reais). O País mudou de fisionomia: deixou de ser pobre e essencialmente rural para se tornar de classe média e urbano; em apenas três décadas, a população dobrou e todo o crescimento demográfico se concentrou nas cidades.

Muitos foram incorporados, direta ou indiretamente, aos segmentos dinâmicos da economia (indústria de transformação, serviços modernos e administração pública). Outros tantos, porém, não o foram, e tiveram de se contentar com empregos precários, à margem da legislação trabalhista, ou viram-se empurrados a abrir seus próprios negócios na informalidade e sem qualquer tipo de apoio por parte do Estado. Cada vez mais, o contingente de pobres – cuja proporção não diminuía na mesma intensidade em que o PIB crescia – se constituía por membros de famílias chefiadas por trabalhadores autônomos ou empregados sem carteira assinada, vivendo no meio urbano ou metropolitano.

É importante ressaltar que o aumento da desigualdade não foi obra do acaso, mas um resultado esperado das intervenções do Estado nacional nos mais diferentes mercados – para favorecer o grande capital – que caracterizaram o modelo substitutivo de importações. Na lógica desse modelo, a pobreza se reduziria com o crescimento econômico, à medida que os setores dinâmicos da economia se mostrassem capazes de absorver todos aqueles que se aglomeravam em suas sobras.

Entretanto, na virada da década de 1970 para 1980, o modelo implodiu ao esbarrar em seus próprios limites. Implosão esta mais que anunciada pelos economistas de cunho liberal que, pelo menos desde o início dos anos 1960, denunciavam as diversas distorções inerentes ao modelo de desenvolvimento centrado no crescimento via substituição de importações.

Segundo os liberais, o intervencionismo exacerbado do Estado levaria, fatalmente, a distorções de preços relativos, desequilíbrios macroeconômicos, má alocação de recursos na economia e, particularmente, a uma crescente concentração de renda. Criticavam, ainda, a ênfase exagerada na acumulação de capital físico e a pouca atenção dispensada ao capital humano.

O receituário liberal, que passou a ser adotado não apenas no Brasil, mas no restante da América Latina a partir do início da década passada, consistia em medidas voltadas para o restabelecimento dos mecanismos de mercado (privatização, abertura comercial e financeira etc.) e em maior atenção concedida, por parte do Estado, às áreas de educação, saúde e segurança.

Para competir no mercado global de forma bem-sucedida, evidencia-se a exigência de que os países invistam melhor em seus recursos humanos, e não apenas visando aumentar a produtividade e impulsionar o progresso tecnológico e a competitividade do País, mas também permitir a entrada de novos atores no mercado de consumo de bens e serviços tangíveis e intangíveis. Para isso, precisa-se dar igualdade de acesso a oportunidades de desenvolvimento individual, como propõe Bernardo Kliksberg:

> Em estruturas produtivas cada vez mais baseadas em conhecimento, como as presentes e as prospectivas, os níveis de qualificação média de uma sociedade serão determinantes em suas possibilidades de gerar, absorver e difundir tecnologias avançadas. A educação faz uma diferença crucial segundo as medições disponíveis, tanto para a vida das pessoas, o desenvolvimento das famílias, a produtividade das empresas, como para os resultados econômicos macro do país. É, como tem sido recomendada, uma estratégia "vencedora" com benefícios para todos. A nutrição e a saúde são, por sua vez e antes de mais nada, condições de base para o desenvolvimento do capital humano (Kliksberg, 2001, p. 12).

Com a mudança de paradigma, o setor privado se tornou responsável pela condução dos investimentos necessários para que a economia voltasse a crescer de forma sustentável. Ao mesmo tempo, porém, foi tomando corpo e se propagando, em razão da crescente integração dos mercados, a idéia de que caberia às empresas tornarem-se socialmente responsáveis.[6]

A adoção desse ideário em nosso país trouxe alguns avanços importantes, entre os quais merecem destaque o fortalecimento da democracia, a estabilização macroeconômica, um aumento generalizado da eficiência da economia e uma melhora sensível dos indicadores nas áreas de saúde e educação. Mas não foi capaz de fazer com que a economia voltasse a crescer de forma sustentável, muito menos de reduzir a concentração de renda. Com isso, os avanços registrados em termos de redução da pobreza foram consistentes, mas relativamente modestos.

É perceptível uma impaciência crescente por parte da opinião pública brasileira em relação à diminuição da pobreza. Diante dessa impaciência, muitos (dentro e fora do governo) advogam a necessidade de se retomar um modelo de desenvolvimento semelhante ao que experimentamos no passado, ou seja, centrado na intervenção do Estado nacional nos mais diferentes mercados para favorecer setores considerados, por uma razão ou por outra, "estratégicos".

Essa marcha a ré na História não é apenas inoportuna, mas também inviável. Inoportuna porque, se há mesmo pressa em reduzir a pobreza, não se pode sequer pensar em concentrar ainda mais a renda. Inviável porque, nas condições políticas e econômicas atuais, é impensável que o Estado volte a dispor dos instrumentos de que dispunha no passado.

Se isso é verdade, é também fato que não basta não intervir nos mercados para que eles produzam resultados satisfatórios. Mercados não existem "naturalmente": são fruto de processos históricos, políticos e sociais. Entregues a si mesmos, os mercados funcionam freqüentemente de forma incompleta e produzem resultados socialmente iníquos.

Até mesmo para fazer com que os mercados funcionem melhor – o que é essencial tanto para a retomada do crescimento econômico quanto para a melhor distribuição de renda –, uma agenda de desenvolvimento com justiça social precisa ir além do receituário não-intervencionista liberal.

Essa agenda, porém, não se esgota aí. Passa também por um aprofundamento da reforma do Estado e, em especial, por sua libertação das garras dos setores mais organizados (e mais ricos) da sociedade e por uma ampliação do espaço público para além das fronteiras estatais.

É com base nesse contexto que convém pensar em um leque de alternativas de mudança de postura do setor privado, de forma a garantir um papel único no processo de desenvolvimento.

2.2 Disciplina fiscal, melhora da qualidade do gasto público e reformas

É absolutamente inviável pedir ao setor privado brasileiro que exerça um papel efetivo na promoção do modelo de desenvolvimento, preconizado neste artigo, se o Estado não for profundamente reformado.

De um lado, de um ponto de vista macroeconômico, é preciso que o setor público deixe, de forma consistente, de sugar os recursos disponíveis na economia, para que o setor privado possa, de fato, realizar os investimentos necessários para o crescimento econômico. Nesse sentido, os avanços registrados nessa área, no período recente, são extremamente auspiciosos – em particular durante o segundo mandato de Fernando Henrique Cardoso e, agora, no governo Lula, pelo compromisso de manter superávits fiscais relativamente elevados durante todo o mandato.

De outro, em um país como o Brasil de hoje, o Estado deveria ter a obrigação de amenizar a má alocação de recursos gerada pelo funcionamento da economia por meio de uma política fiscal ativa, centrada em transferências maciças de renda para as camadas mais pobres. É certo que temos avançado nessa direção, com programas como a Lei Orgânica da Assistência Social (Loas) e Previdência Rural, além do Bolsa-Escola, Bolsa-Renda etc., hoje unificados sob o guarda-chuva do Bolsa-Família. Esses esforços, todavia, são, ainda, muito tímidos diante da enormidade do problema.

Os diferentes níveis de governo no Brasil não gastam pouco em políticas sociais, mas ainda gastam mal. O gasto público social total (contabilizando-se também a previdência) chega a mais de 23% do PIB, ou seja, praticamente dez vezes mais do que seria necessário para erradicar a insuficiência de renda no Brasil, caso fosse possível implementar uma política de transferências perfeitamente focalizada.[7] E continuamos, pós-transferências, com cerca de um terço da população vivendo com uma renda insuficiente. Se a redução da pobreza é prioritária, o gasto público social deve ser redirecionado, com mais vigor do que tem sido feito até aqui, em favor dos mais pobres.

É preciso insistir no fato de que, se o setor público – com as dimensões que tem hoje no Brasil – não apontar decididamente nesta direção, ficará difícil pedir ao setor privado que faça qualquer coisa de efetivo para promover maior justiça social.

Entretanto, redirecionar o gasto público social não é tarefa fácil, pois sua composição encontra-se praticamente engessada em um complexo emaranhado de dispositivos legais e constitucionais que destinam uma enorme fatia dos recursos públicos para os setores mais organizados da sociedade – e, por conseguinte, com maior capacidade de influenciar a opinião pública e a classe política. Redirecionar nesses termos leva em consideração, obrigatoriamente, um aprofundamento das reformas institucionais em curso.

Melhorar a focalização do gasto público social é uma atitude importante, mas, se tomada isoladamente, não constituiria mais do que um paliativo para amenizar os impactos sobre o padrão de vida das camadas menos abastadas da máquina de produção e reprodução de desigualdade que é a economia brasileira hoje. O arcabouço institucional que rege o funcionamento do gasto público social foi, em seu conjunto, desenhado precisamente com esse objetivo, isto é, alavancar um modelo de desenvolvimento centrado na acumulação de capital físico e financeiro nas mãos dos setores considerados estratégicos pela "tecno-burocracia" estatal, e na inclusão cidadã apenas dos segmentos sociais a eles atrelados. A legislação trabalhista em vigor, por exemplo, jamais foi capaz de contemplar a metade dos chefes de família brasileiros. Na mesma linha, o que nos acostumamos a chamar de "política industrial" caracteriza-se por uma política destinada a contemplar uma ínfima parcela das empresas do País – não por coincidência, justamente as maiores.

O desafio é transitar de um arcabouço institucional montado de forma autoritária durante o Estado Novo – com o intuito de promover um determinado modelo de desenvolvimento, centrado na estratégia de crescimento via substituição de importações – para outro, a ser forjado de forma negociada e democrática, voltado para a promoção de um tipo de desenvolvimento diverso, cujo objetivo seja o de gerar mais bem-estar para o conjunto da sociedade (e não apenas para alguns).[8]

2.3 Redefinição do espaço público

Um projeto de desenvolvimento é, acima de tudo, um projeto político. Para mudar o Brasil, no sentido proposto neste artigo, é preciso inovar na maneira de fazer política.

As políticas públicas voltadas para o enfrentamento direto da questão da desigualdade e a erradicação da pobreza terão de ser pensadas, modeladas e executadas ao longo de décadas. Precisam ser sustentáveis, não apenas do ponto de vista econômico e financeiro, mas também político e institucional.

Em nossa incipiente experiência democrática, a capacidade do Estado, em seus diferentes níveis, de solucionar tais problemas tem se mostrado insuficiente por uma série de razões:

a) A descontinuidade das políticas públicas, ditada pelos ciclos políticos;

b) A fragilidade programática dos partidos políticos;

c) A falta de foco dos programas partidários nas questões de longo prazo;

d) A indefinição de regras claras que estabeleçam as atribuições e as articulações entre os diferentes níveis de governo;

e) A defesa corporativa de privilégios – ou "direitos adquiridos" – pelas camadas mais organizadas da sociedade;

f) A privatização de serviços públicos, acompanhada, por vezes, pela incapacidade ou negligência reguladora; e

g) A instabilidade cambial e financeira provocada pela crescente integração dos mercados.

Embora essa impotência do Estado esteja gerando grande frustração e desencanto na opinião pública, isto não tem sido suficiente para despertar a nostalgia do autoritarismo. Pelo contrário, a insatisfação política tem acirrado a demanda por "mais democracia". Se é certo que, não só no Brasil, a democracia representativa está esbarrando em seus próprios limites, esses só poderão ser ultrapassados com o avanço e a consolidação de mecanismos democráticos de natureza mais participativa. Isto não significa recuar nas conquistas e na consolidação da democracia representativa e no fortalecimento dos partidos políticos, mas sim permitir que a política seja oxigenada pela participação da sociedade civil – o que implica uma redefinição do espaço público para além das fronteiras da esfera estatal.

É patente que nem Estado, nem setor privado, nem movimento social ou OSCs (Organizações da Sociedade Civil), isoladamente, têm a capacidade de resolver os problemas que se desafiam para a sociedade brasileira como um todo. É preciso, portanto, imaginar um conjunto de arranjos institucionais capazes de combinar as potencialidades e os esforços dos diferentes atores públicos e privados em torno de objetivos comuns. Nesse espaço, a governança há que ser compartilhada, tanto para garantir transparência quanto para evitar descontinuidades.

Na maioria das vezes, porém, Estado, setor privado e Terceiro Setor atuam de forma esparsa e isolada, dificultando em muito a efetiva transformação em realidade do tão discutido conceito de atuação em parceria. Pior ainda, nem mesmo há grande entendimento no interior de cada uma dessas esferas. No setor público, apesar da descentralização das políticas públicas em algumas áreas, os diferentes níveis de governo têm dificuldades de articulação entre si. No setor privado, prevalecem iniciativas isoladas. Na sociedade civil, as parcerias não são raras, mas tendem a se dar de forma fragmentada, baseadas em alianças tácitas que, por vezes, encobrem lealdades que pouco têm a ver com o interesse coletivo ou com a eficácia das ações empreendidas. Alianças e parcerias intra e entre esses três universos tendem a se produzir de forma casuística e pontual, e, em geral, predomina a desconfiança recíproca.

Na organização desse novo espaço público, é evidente que os políticos e as entidades estatais são atores centrais e indispensáveis. Sem a ação reguladora e estruturante do Estado, a ação privada no domínio público pode facilmente degenerar no sentido da privatização dos bens coletivos. Um Estado forte, mas não excludente, pode potencializar as qualidades positivas dos agentes privados, e neutralizar as negativas. O espaço público aberto e transparente é, por excelência, aquele em que todos os interesses se regulam e se vigiam mutuamente. A corrupção viceja justamente nas confluências obscuras entre o público e o privado, em que a exclusividade e as barreiras ao acesso criam o anonimato fundamental às atividades ilícitas.

A eficiência e a eficácia das políticas públicas, bem como sua continuidade e transparência, estão comprovadamente associadas ao grau de controle social exercido sobre elas. A moderna arquitetura institucional da política social requer que o setor público seja o articulador privilegiado, mas não o provedor único. A apropriação dos programas pelos beneficiários, por exemplo, evita o desvio de recursos públicos e cria o ambiente de responsabilidade compartilhada, no qual os receptores de benefícios se transformam em gestores ativos da política pública.

Os desafios de se encontrar, para cada interação específica envolvendo Estado, setor privado e sociedade civil, a forma de estabelecer alianças e de maximizar as contribuições que as diferentes esferas podem aportar são imensos. Alguns destes desafios são:

a) O fortalecimento do associativismo, assegurando cidadania, representação política e capacidade de defender seus interesses às camadas mais pobres da sociedade.

b) Criação de mecanismos que incentivem a cooperação entre os diferentes níveis de governo, o setor privado e o Terceiro Setor.

c) A mudança no papel do Estado, a fim de se tornar um agente catalisador e realizável do desenvolvimento econômico e social das comunidades e territórios. Em vez de produzir e financiar, o Estado deve, entre outras medidas, educar, comunicar, fomentar o associativismo, criar os incentivos corretos ao setor privado e à sociedade civil e prover serviços de apoio.

d) A capacitação do Terceiro Setor: cada vez mais, as organizações não-governamentais (ONGs) têm sido chamadas a assumir um papel protagonista nas políticas públicas. Já não se trata apenas de cobrir nichos em que o Estado se mostra incapaz de atuar, apontar caminhos por meio de práticas inovadoras e criticar a ação de diferentes níveis de governo. Seu desafio, hoje, é o de serem eficientes, eficazes e transparentes nas mais diferentes pontas das políticas públicas – diagnóstico, negociação com outros atores, implementação, gestão, monitoramento e avaliação – no bojo do novo espaço público que se delineia na sociedade brasileira. O Terceiro Setor, como um todo, só poderá estar à altura das expectativas que recaem sobre ele se for capacitado para tanto e à medida que se profissionalize mais que nunca. Entretanto, não se pode esquecer a pressão adicional que recai sobre esse setor em termos de captação de recursos para exercer suas atividades em função da retração de investimentos provindos da cooperação internacional. Isso cria uma polarização entre missão, condições de operação e tempo gasto em atividades de captação de recursos que tendem a se apresentar de forma esporádica e pontual.

e) A conscientização do setor privado quanto ao retorno que pode obter, por diferentes razões, de suas ações no campo da Responsabilidade Social Empresarial (RSE). De um lado, essas ações tendem a estimular a identidade dos trabalhadores com os objetivos de suas empresas, aumentando a produtividade e a eficiência. De outro, os consumidores têm se tornado mais exigentes, em termos do "conteúdo social" dos bens e serviços que consomem. Finalmente, o reconhecimento das dificuldades em ser competitivo em um entorno não-competitivo, tema que será retomado com maior profundidade na Seção 3.

f) A criação de um arcabouço legal e regulador que garanta a mescla correta de incentivos, controles e transparência, para acomodar a crescente atividade das ONGs e de atores privados em áreas anteriormente dominadas pelo setor público.

g) O redirecionamento da atuação do Ministério Público da esfera estatal para os novos espaços públicos em gestação.

3 O PAPEL DO SETOR PRIVADO

De acordo com a fórmula clássica, o setor privado está simplesmente realizando sua vocação natural quando gera dividendos para investidores e acionistas, contribui para o crescimento econômico do país, cria empregos e fornece bens e serviços ao mercado. E não há nada de errado nisso, desde que, na consecução de suas ações, as empresas cumpram com as exigências legais de pagamento de impostos e benefícios trabalhistas, evitem práticas de corrupção e suborno, mantenham auditoria transparente e responsável de seus lucros. Ao agir assim, as empresas cumprem uma agenda de governança ética de seus negócios. O lucro é o primeiro motor que encarna o funcionamento da maquinaria empresarial e do sistema econômico capitalista como um todo.

Mas, nos últimos anos, as empresas têm sido impelidas a fazer mais e, em especial, a demonstrar que são socialmente responsáveis.

3.1 Responsabilidade social empresarial: contextualização geral

A Responsabilidade Social Empresarial tem sua gênese nas regulamentações internacionais criadas para conter os abusos de poder das grandes empresas transnacionais ocorridos nas décadas de 1970 e 1980.

Por uma série de razões, as empresas modernas precisam mostrar que têm compromisso com o desenvolvimento pensado com base em padrões de sustentabilidade social e ambiental. A empresa ganha uma nova NATUREZA que transcende sua busca por maiores dividendos. Sob nomenclaturas diversas – RESPONSABILIDADE SOCIAL CORPORATIVA, RESPONSABILIDADE SOCIAL EMPRESARIAL, CIDADANIA EMPRESARIAL etc. –, este é um campo que tem sido objeto de vários estudos e, portanto, uma ampla bibliografia tem sido produzida a este respeito.[9] E, não surpreendentemente, há um leque diversificado de definições visando dar contornos mais nítidos a esta questão.

Para efeito deste estudo, podem-se citar duas delas. A primeira, adotada pelo World Business Council for Sustainable Development (WBCSD), caracteriza a

RSE como "O compromisso das empresas em contribuir para o desenvolvimento econômico sustentável, trabalhando com os empregados, as famílias, a comunidade local e a sociedade em geral para melhorar a qualidade de vida" (Holliday Jr., C.O.; Schmidheiny, S. & Watts, P., 2002, p.142). A segunda, do Instituto Ethos de Responsabilidade Social, identifica como seus componentes conceituais a esfera econômica (produtividade, investimentos e valor agregado), a esfera social (direitos dos empregados, direitos humanos, promoção da diversidade, investimentos na comunidade etc.) e a esfera ambiental (impactos dos processos, produtos e serviços na qualidade do ar, da água, do solo, da biodiversidade e da saúde).

Ambas formulam-se em torno do princípio de *tripple bottom line* (TBL). Na realidade, a pedra de toque da RSE é o reconhecimento, por parte das empresas, de que suas práticas comerciais têm impacto econômico, social e ambiental, impulsionando-as a minimizar seus efeitos negativos, ao mesmo tempo em que procuram promover benefícios para um conjunto de atores diversos e não envolvidos diretamente com os resultados financeiros imediatos de suas atividades comerciais, como investidores e acionistas.[10]

O eixo norteador da RSE é, então, estimular o setor privado a reconhecer um novo conjunto de atores e instituições a ser considerado na gestão dos negócios, estendendo sua rede de relacionamentos a empregados, outros parceiros da cadeia de produção (fornecedores e clientes), comunidades do entorno das plantas, consumidores de produtos e serviços, sociedade em geral.

O surgimento da RSE implica o cumprimento de uma agenda de Direitos Humanos. Embora os códigos e princípios estejam em constante processo de evolução, suas bases são a Declaração Tripartite de Princípios da Organização Internacional do Trabalho (OIT) e a Declaração de Princípios para Empresas Transnacionais da Organização para a Cooperação e Desenvolvimento Econômico (OCDE), ambas baseadas na Declaração Universal de Direitos Humanos das Nações Unidas. Esses princípios regulam a relação de governos, empregadores e trabalhadores no que diz respeito à promoção de emprego, igualdade de oportunidades, estabilidade no emprego, capacitação e treinamento, direito de associação, processos de negociação, condições de trabalho, segurança, saúde etc.[11]

A RSE caracteriza-se, assim, por ser uma resposta ativa do setor privado, para além do respeito a essas leis ou acordos internacionais, e fundamenta-se em uma ética de intenções pela qual os líderes empresariais se comprometem a interagir com as comunidades para reunir lucros e benefícios na promoção de capital humano sob a forma de acesso a oportunidades. A RSE ultrapassa o conceito de governança corporativa porque inclui o fator MUDANÇA DE PERCEPÇÃO na gestão dos negócios. A empresa preocupa-se com o estabelecimento de relações éticas com seus *stakeholders*, atuando como interlocutora perante o governo e a sociedade civil. Um fenômeno recente verificado no Brasil é o fato de as empresas procurarem agir também como promotoras do desenvolvimento local ao gerar emprego e oportunidades nas comunidades ligadas, direta ou indiretamente, à execução de sua intervenção econômica – ponto a ser explorado mais adiante.

Pode-se observar, portanto, que o conceito de RSE é de operação complexa. E, como diversos autores já frisaram, ainda não se elaborou um *business case* da RSE que permita avaliar o seu impacto positivo real para os negócios. Um complicador para a elaboração deste último é a diferença de grau de adesão das empresas e/ou a existência de desequilíbrios na implantação do *tripple bottom line*. Entretanto, fica evidente que o sistema de princípios e valores que rege a RSE não contradiz o conceito de justiça social porquanto nele deveria se apoiar.

Se a RSE é um conceito tão complexo e distante do universo original de atuação das empresas, por que se transforma em discurso tão atraente para o setor privado? Stephan Zadek e John Weiser apontam alguns fatores que justificariam tal poder de atração:

> a) Defesa da marca da empresa em resposta às pressões de ONGs, governo, mídia, empregados, consumidores etc.;
>
> b) Relação custo-benefício quando as empresas identificam ganhos financeiros tangíveis por meio de melhores desempenhos social e ambiental;
>
> c) Estratégia de negócios quando a responsabilidade social é parte integrante de uma estratégia de longo prazo das empresas;
>
> d) A "nova economia" na qual responsabilidade social é vista como uma nova abordagem de aprendizado, inovação e gerenciamento de risco (Zadek, Weiser, 2000, pp.14-15).

3.2 RSE no Brasil de hoje

Nos países em que os direitos de trabalhadores e consumidores são expressos publicamente e têm impacto garantido na forma de atuação corporativa, em termos de transparência e responsabilidade legal, as empresas tendem necessariamente a promover padrões de justiça social e criar igualdade de oportunidades.

Influenciado pelo contexto internacional no qual operam as empresas, o conceito de RSE surgiu no Brasil apenas na última década, tornando-se, em pouco tempo, um tema importante, capaz de atrair muitos atores e catalisar um montante crescente de investimentos. Sua aplicação no Brasil tem, contudo, características específicas, pois o debate sobre responsabilidade concentra-se em duas vertentes distintas:

a) A responsabilidade social como antes definida; e

b) Os investimentos feitos em iniciativas sociais para beneficiários externos, isto é, ONGs, movimentos sociais, associações comunitárias etc.

Embora haja uma tendência a se confundirem esses dois conceitos, trata-se, na verdade, de processos diferenciados que, por vezes, caminham de forma integrada; mas esta não é necessariamente uma regra determinando que a existência de um IMPLICARIA NECESSARIAMENTE a realização do outro. Historicamente, esses conceitos surgem em momentos específicos, com dinâmicas internas próprias, para atender a demandas exclusivas de uma sociedade em resposta a questões de sua conjuntura socioeconômica.

O conceito de Investimento Social Privado (ISP) refere-se a um certo capital – em termos ideais, uma percentagem do faturamento bruto das empresas – que a empresa investe em iniciativas de terceiros. Observe-se que, de acordo com a definição das fundações internacionais e agências de cooperação, não se considera INVESTIMENTO SOCIAL a operação de projetos próprios ou investimento direto nas comunidades do entorno; define-se, antes, o investimento realizado em comunidades como aquele feito em desenvolvimento local, que pode se manifestar sob a forma de serviços de infra-estrutura, provisão de serviços sociais e/ou geração de trabalho e renda. Ressalte-se, ainda, que o desenvolvimento de projetos próprios pode ou não se referir a investimentos em desenvolvimento local. O Grupo de Institutos, Fundações e Empresas (Gife), por sua vez, enfatiza essa diferenciação ao definir Investimento Social Privado como:

> A doação voluntária de fundos privados de maneira planejada, monitorada e sistemática para projetos sociais de interesse público. ...Diferentemente do conceito de caridade, que vem acompanhada da noção de prover assistência, investidores privados estão preocupados

com os resultados obtidos, as mudanças geradas e a participação das comunidades na execução de projetos (Gife, material institucional).

De todo modo, o crescimento do investimento social privado e/ou do investimento em desenvolvimento local pode se tornar um fator decisivo de modificação na dinâmica interna do Terceiro Setor no Brasil porque implica diretamente o envolvimento das empresas em questões sociais.

Do ponto de vista empresarial de gestão de negócios, o investimento realizado pelas empresas na área social torna-se bastante atraente – seja sob a forma de operação de projetos próprios, de investimento em desenvolvimento local ou de investimento social em organizações da sociedade civil – porque permite agregar valor à imagem e à reputação da empresa. Essa constatação pode ser comprovada pelas taxas de investimento privado na área. De acordo com essa lógica, a gestão social de tais investimentos tem estimulado a criação de fundações e institutos empresariais que funcionam como o braço social das empresas.

Pesquisas realizadas pelo Ipea entre 1999 e 2001 demonstraram que, de maneira geral, o setor privado tem investido em algum tipo de ação social variando da caridade ao investimento social (*grantmaking*). Na Região Sudeste, 67% das empresas contribuem com R$ 3,5 bilhões para a área social. Verifica-se também que 64% de um total de 88% de grandes empresas (acima de 500 empregados) investiram recursos na área de educação e outras iniciativas relativas à infância (80%) e à juventude (73%). Esse quadro sofre uma pequena alteração quando se incluem as demais regiões do Brasil. Em 2000, 55% das empresas do Nordeste investiram em torno de R$ 260 milhões em atividades filantrópicas (62% em atendimento a crianças), mas o componente caritativo ainda tem influência sobre o processo decisório, visto que 54% das empresas investem em projetos beneficentes. No mesmo ano, as empresas da Região Sul investiram R$ 320 milhões, 46% dos quais em iniciativas comunitárias.

Esses dados demonstram que 59% das empresas brasileiras transferiram recursos para a filantropia, o que representa um montante total de R$ 4,7 bilhões correspondendo a 0,4% do PIB do ano de 2000. Comprovam, também, que as empresas estão dispostas a influir para que o Brasil consiga alcançar algum tipo de desenvolvimento sustentável. Entretanto, não se pode ignorar que esse compromisso vem acompanhado de dificuldades em gerar indicadores claros de mudança social capazes de unir, de forma transparente, contribuição e resultado.[12]

Ao quadro anteriormente exposto devem-se acrescentar ainda outras constatações: o Gife publicou uma pesquisa visando compreender os mecanismos que estimulam as fundações e institutos empresariais a se tornarem *grantmakers*. Com base em tal pesquisa, é lícito supor que, à diferença do que ocorre com as organizações da sociedade civil, essas instituições operam em resposta às demandas das empresas das quais emergem e evidencia-se a razão de sua ênfase em educação, crianças e juventude. Trata-se de questões e áreas de atuação indiscutivelmente importantes na agenda nacional de desenvolvimento, embora não sejam o único fator determinante no estabelecimento de prioridades. De acordo com esta pesquisa, esses temas também são considerados pouco controversos em comparação com direitos humanos, minorias ou questões rurais e, portanto, mais fáceis de servir a propósitos de *marketing*.[13] Em 2000, o Gife também realizou um censo com seus 59 associados; essas organizações investiram cerca de R$ 600 milhões sob a rubrica ISP. Ainda segundo informações do mesmo instituto, 40% dos investimentos destinam-se à operação de projetos próprios; 17%, a doações a terceiros e 35%, a ambos os casos.

Essas duas tendências – RSE e ISP – representam um passo importante em termos de diversificação do montante e das fontes de recursos para programas sociais. O que começou como uma REVOLUÇÃO SILENCIOSA das ONGs em prol dos DIREITOS HUMANOS, na década de 1980, cede espaço ao debate sobre a pobreza e à entrada de um novo ator no cenário social na década seguinte. Redesenham-se as relações anteriormente estabelecidas entre organizações do setor privado e sociedade civil, embora os lugares de fala e legitimidade dos dois grupos tenham origem diferenciada. Entretanto, a energia necessária para gerar mudanças sociais profundas, isto é, alterar radicalmente os índices de pobreza crônica e desigualdade social permanece dispersa, o que se deve, potencialmente, às seguintes razões:

➤ A ação empresarial na área social nem sempre é uma resposta a diagnósticos abrangentes sobre as causas primeiras dos problemas sociais.

➤ A ausência de uma agenda social específica e de uma estratégia de ação clara para solucionar esses problemas.

➤ A fragmentação dos investimentos feitos na área social em virtude da falta de diálogo e atuação conjunta das empresas entre si, entre empresas e governo, e entre empresas e movimento social e/ou organizações da sociedade civil. A tendência a trabalhar de forma colaborativa na provisão de serviços, a despeito da retórica existente, é ainda muito incipiente – provavelmente em razão da preocupação com a divulgação e o fortalecimento da marca, dificuldades na identificação de possíveis áreas de atuação conjunta e dificuldades de gestão de parcerias.

Na realidade, a capacidade de provocar mudanças, isto é, de exercer um impacto significativo no conjunto de indicadores sociais do país é uma questão vital quando se quer depositar esperanças no avanço da justiça social no Brasil. Não se pretende negar que o investimento social privado seja um importante fator de geração de desenvolvimento, mas sim destacar um contexto marcado por uma profunda dicotomia entre a qualidade do investimento realizado na construção de um País mais justo e os montantes desembolsados. Isso se dá nos mais diversos níveis, não sendo privilégio do setor privado, nem do Brasil incorrer nesse desvio de percurso.[14] Verifica-se, por exemplo:

➤ Uma tendência à realização de investimento social em projetos específicos de ONGs. Ora, sabe-se que há uma certa taxa de risco nesse tipo de investimento, para ambas as partes, motivada por: a) uma busca por resultados de curto prazo; b) uma conseqüente concentração de financiamentos em projetos pontuais; c) uma clara compreensão de que organizações sociais comprometidas com redução de desigualdade atuam em PROCESSOS de transformação de paradigmas, além dos d) riscos de ENDIVIDAMENTO das ONGs executoras por não haver cobertura básica de despesas operacionais.

➤ Investimentos em justiça social são investimentos em PROCESSOS e não em projetos, e implicam, portanto, gestão de resultados de longo prazo, fórmulas de parceria que prevejam políticas de ação conjunta visando dar escala às tecnologias sociais, criar uma cultura mútua de aprendizagem e transferência horizontal de conhecimento na promoção de políticas sociais de acesso a oportunidades etc.

➤ O estabelecimento de parcerias com o governo em torno do desenvolvimento de políticas sociais de acesso a oportunidades para além de um tipo de investimento passivo em ações sociais de atenção a necessidades emergenciais da população. Nesse último caso, as empresas acabam por investir sem convicção alguma quanto à qualidade, ao monitoramento e ao impacto social do gasto que realizam.

Por outro lado, engendram-se uma singularidade de atuação e uma nova forma de abordagem para suprir os hiatos apontados neste estudo: a constituição de alianças intersetoriais e INTERINSTITUCIONAIS começa a ganhar repercussão. Sem dúvida, o investimento social privado pode chegar a ter um papel decisivo na redução das desigualdades sociais. Não se pode ignorar, porém, que ainda perdura um questionamento sobre as expectativas de aplicação ampla e de multiplicação democrática do conceito de alianças estratégicas entre o setor privado e o social, e entre estes e o governamental.

O conceito de alianças estratégicas não é *per se* um conceito novo. Surge nos Estados Unidos (EUA), mais notadamente nos anos 1990, como uma nova maneira de atuação empresarial para enfrentar os desafios impostos pela globalização e pelo desenvolvimento de novas tecnologias. O conceito de alianças para competir no mercado ganha visibilidade, mas a aplicação dessa prática não é simples, nem mesmo para instituições de um mesmo setor, o que pode ser observado pela extensa bibliografia produzida a este respeito.[15] Tal fato deve ser mencionado porque algumas das dificuldades comumente apontadas aplicam-se tanto aos casos de alianças entre empresas quanto ao caso de alianças entre empresas e organizações do Terceiro Setor.

Isso significa dizer que pôr em prática sistemas que sustentem as estratégias de constituição de uma aliança envolve enfrentar alguns desafios operacionais, tais como:

➤ Missão e valores comuns;

➤ Avaliação de desempenho da relação;

➤ Clareza de objetivos em relação aos resultados esperados;

➤ Gestão e responsabilidades compartilhadas; e

➤ Confiança.

Desde meados da década de 1990, as organizações sem fins econômicos começam a compreender a importância e a necessidade de atuar em rede para ampliar o escopo de suas iniciativas sociais, ambientais e culturais, propor agendas de atuação conjunta etc. Consolidam-se as redes como a Associação Brasileira de ONGs (Abong), a Campanha Nacional de Combate à Fome e pela Vida do Ibase, a Rede Mata Atlântica, entre outras. Hoje, com a entrada em cena das empresas, o conceito de redes passa a dividir as atenções com o de alianças estratégicas. Este conceito surge em meio ao desafio de associar instituições com missões, visões de mundo e trajetórias distintas em sua origem, mas que se unem para combinar conhecimentos e criar uma agenda de objetivos comuns para que o País alcance um efetivo padrão de desenvolvimento sustentável.

Por outro lado, ao se referir às possibilidades de interação entre primeiro e segundo setores, Ricardo Paes de Barros, pesquisador do Ipea, discute:

Um dos macro-problemas sociais do Brasil é a absoluta ausência de integração das políticas sociais que, até hoje, se apresentam fragmentadas. O maior mal da fragmentação é acabar se tornando incapaz de promover acesso integrado a oportunidades. Por exemplo, o pobre necessita compreender e saber utilizar as oportunidades que lhe estão sendo oferecidas. Essa clareza de intenções é fundamental, caso contrário ele tende a pensar, e não por culpa sua, ESSE CARA ESTÁ ME ABRINDO UMA OPORTUNIDADE AQUI, MAS VÃO ME FECHAR A PORTA LÁ NA FRENTE. ENTÃO, POR QUE VOU ME ESFORÇAR? Essa situação pode ser ilustrada pelo alto índice de desistência em completar sua escolaridade, ou mesmo até chegar à universidade, ponto onde se encontra um real potencial de retorno econômico-social para ele. Este último argumento é importante para se compreender a diferença que uma política social integrada faria. Para a população menos privilegiada chegar à visão integral da política social confere identificação de seus esforços com os resultados que as ações sociais pretendem alcançar. É criar política social com caráter de processo dentro de uma perspectiva de concepção de igualdade de oportunidades.

Acrescenta ainda o pesquisador:

Se não há um bom desenho de ação integrada, o setor privado consegue apenas aumentar o número de oportunidades oferecidas, e, muitas vezes, uma concentração de oportunidades em determinado segmento e não em um processo mais global de inclusão. Esse investimento descentralizado aumenta um leque de oportunidades diferentes de difícil leitura e sem garantia de eficiência. Há também o problema adicional de desigualdade de oportunidades oferecidas devido à falta de eqüidade horizontal, isto é, alguns pobres estarão sendo beneficiados, outros não.[16]

Em outras palavras, está-se chamando a atenção também para o fato de que deve-se deixar de considerar as populações menos privilegiadas meros espectadores no atendimento de suas necessidades e meros consumidores dos benefícios que se lhes queira conceder.

Para tornar a questão ainda mais complexa, os principais obstáculos para o investimento social em ONGs que almejam justiça social são muitos, e esse questionamento não é típico do contexto brasileiro, verificando-se também em outros países da América Latina, EUA e Canadá:

➤ Muitos investidores não percebem a relevância dos movimentos por justiça social, entendem, antes, que a provisão de serviços básicos é uma necessidade mais imediata e tangível. Tende-se a depositar expectativas excessivas em intervenções de curto prazo na busca por resultados rápidos, deixando de lado considerações como a análise mais detalhada do contexto em que emerge a necessidade dessa provisão. Em si, a provisão de serviços não é uma abordagem equivocada para se lidar com acesso a oportunidades, desde que incluída em um contexto mais geral de intervenção social em vários níveis.

➤ A natureza dos problemas existentes é complexa e seu escopo, gigantesco, exigindo investimentos significativos. Entretanto, o governo tem feito investimentos crescentes em programas sociais e, como já se viu, o montante total de investimentos sociais do setor privado não é nem de longe irrelevante. Constata-se, então, que há outros complicadores: a ausência de um melhor planejamento para destinação dessas verbas em termos de diagnóstico e a avaliação de eficácia para qualificar as iniciativas de cada setor na área social em programas sociais de desenvolvimento local, regional e nacional.

➤ Pensar em novos modelos de investimento, a exemplo do que tem sido feito nos EUA. Investidores, que seguem um modelo similar ao de *venture capital* adaptado do mundo dos negócios para a esfera social, passaram a discutir a ausência de um portfólio de investimentos em infra-estrutura organizacional para permitir que as ONGs se tornem organizações com alto padrão de desempenho. Ao contrário da tendência natural de se investir no fortalecimento de programas específicos, esses investidores têm procurado dar apoio à capacidade organizacional como fórmula eficiente e eficaz de gerar retorno para seus investimentos, em termos de continuidade e melhoria dos serviços prestados, aumento do potencial de impacto e mudança social por essas instituições. Como revela uma pesquisa realizada pela McKinsey and Co. para um grupo formado por esse perfil de investidores: "Perguntamo-nos porque organizações criadas para erradicar pobreza ou solucionar problemas sociais complexos de nossa sociedade raramente são financiadas de maneira a poderem desenvolver ou manter sua infra-estrutura" (McKinsey and Co., 2001, p.7).

➤ Acreditar que organizações comunitárias e pequenas comunidades sejam agentes de mudança social; que essas comunidades possam atingir parâmetros de desenvolvimento social sustentado e servir de modelos a serem multiplicados para outras comunidades, obviamente com as devidas adaptações ao perfil socioeconômico e cultural de cada região. O que está em jogo é apostar na crença de que a criação de estratégias que invistam na relação entre os indivíduos e suas comunidades pode ser um caminho eficaz para a modificação das causas estruturais da pobreza, e que haja empenho em trabalhar em parceria com organizações comunitárias seriamente envolvidas na problemática social de cada localidade.

Não se pode negar que houve avanços no envolvimento do setor privado com as questões sociais, mas as empresas ainda precisam enfrentar o desafio de adotar uma postura mais política de compromisso com a promoção de justiça social. A responsabilidade social e o investimento social das empresas têm se sobreposto, como cultura, à atuação das organizações da sociedade civil e dos tradicionais movimentos de luta por mudança social. Embora seus benefícios existam e sejam mensuráveis – maior envolvimento das empresas nas questões comunitárias, melhoria do ambiente de trabalho, maior investimento em ações comunitárias, maior atuação por parte dos consumidores e algum controle sobre ações predatórias ao meio ambiente –, há que se avaliar o movimento empresarial em vista de sua capacidade de contribuir para a instauração de processos amplos de geração de capital social e justiça social no Brasil.

Por outro lado, o setor privado tem muito a contribuir para a mudança social no Brasil porque possui as capacidades necessárias para dar escala a programas sociais já testados do Terceiro Setor, desde que a sobreposição de papéis possa ser evitada. Ao somar esforços para pautar ações conjuntas em um determinado campo de atuação, os dois setores da sociedade civil, o segundo e o terceiro setores, exercem um papel decisivo na veiculação de políticas públicas de inclusão, baseadas em dar escala a propostas de mudança social coerentes com diagnósticos e contextos locais. Este é o momento de virada em prol da justiça social em que a sociedade civil e o governo podem fazer a diferença trabalhando em conjunto para provocar mudanças que eliminem, paulatinamente, as causas estruturais da pobreza crônica e da desigualdade.

Para se chegar a um novo patamar de sociedade no qual os interesses coletivos sejam atendidos não se pode cair na tentação de ater-se a interpretações restritivas do que seja mudança social. Esta pode se tornar uma expressão vazia de significado caso não se adote uma nova cultura de investimento. Trata-se aqui de uma questão conceitual. Adotar uma atitude determinada tendo em vista reduzir a desigualdade econômica e social é compreender a satisfação das necessidades humanas em termos de igualdade de acesso a oportunidades – e, mais que isso, a qualidade de vida de que as pessoas são capazes de usufruir. Assim considerada, a opção de investimento deveria ser feita com base em uma mudança radical na forma de lidar-se com os dados da pobreza, e qualquer intervenção social não deveria visar apenas resolver problemas específicos de um segmento limitado da população, mas sim prover acesso para segmentos mais amplos da população inseridos em microcosmos específicos.

A expressão JUSTIÇA SOCIAL tem sido amplamente empregada – com muita propriedade, diga-se de passagem – por todos os segmentos da sociedade envolvidos em iniciativas sociais. Trata-se, na realidade, de um conceito-chave de contraposição aos efeitos danosos da desigualdade. Contudo, a adoção deste conceito, como princípio regulador da sociedade, necessita ser mais bem explorada.

Como estabelece Bernardo Toro,[17] justiça social significa: "Tornar possível, para todos os membros de uma sociedade, os direitos humanos fundamentais: civis, políticos, econômicos, culturais, coletivos e difusos". Os DIREITOS HUMANOS, segundo ele, deveriam ser o norte ético da justiça social. Conclui-se, então, que justiça social é a possibilidade real de se ter acesso aos bens e à riqueza de uma sociedade. Riqueza, entendida por Bernardo Toro, como o conjunto de bens, serviços, valores e relações de que homens e mulheres podem usufruir para viver digna e livremente. Assim, uma sociedade justa é uma sociedade que ofereça condições estáveis de florescimento e manutenção de justiça social.

Mas, o que isso significa? Significa fazer funcionar o conceito de justiça social como o reconhecimento e a afirmação da diversidade em todas as suas manifestações étnicas, culturais, de gênero etc. Trata-se de refletir sobre justiça social para criar um lastro de mudança nos valores, princípios, escolhas e diretrizes que regem as iniciativas sociais e servem de parâmetros aos modelos de atuação conjunta de empresas, governos e organizações da sociedade civil, de forma a promover não apenas uma mudança significativa nas localidades em que intervêm, mas que advoguem princípios de justiça social em desenhos de programas de promoção de acesso a oportunidades.

Embora justiça social seja um princípio legítimo, não se deve fechar os olhos para uma tensão inerente à sua aplicação prática: como promover as mudanças estruturais necessárias para se alcançar uma sociedade mais eqüitativa? Como fazer funcionar o investimento em justiça social? Como torná-lo eficaz a fim de modificar a vida dos indivíduos e suas comunidades? Como atacar a raiz dos problemas sociais em termos de provisão de serviços e acesso a oportunidades?

3.3 Para onde ir?

Acreditamos que o setor privado possa ter um papel importante na implantação de um novo modelo de desenvolvimento no Brasil desde que:

a) O setor público continue sendo redesenhado, no sentido proposto na Seção 2.2 deste artigo;

b) Isso seja compatível com uma estratégia de geração de lucro pelas empresas. Não se pode, de fato, pedir às empresas que deixem de buscar o lucro – sem o qual elas simplesmente deixariam de existir; e

c) Se produza uma mudança cultural, no seio do setor privado, do governo e da sociedade como um todo, capaz de induzir um comportamento mais cooperativo das empresas entre si e entre estas e entidades da sociedade civil e diferentes níveis de governo.

Em um país em que a carga tributária já chega a 36% do PIB não se pode, por exemplo, pedir às empresas que contribuam voluntariamente para políticas públicas cujos diagnóstico, desenho e impacto sejam duvidosos. A menos que, implicitamente, as empresas estejam esperando algum tipo de contrapartida do governo por sua contribuição – o que caracterizaria uma falta de clareza e transparência no relacionamento entre o público e o privado que deve ser combatida, pois é nociva para o desenvolvimento do País no sentido proposto neste artigo. Ao contrário, como já se enfatizou anteriormente, políticas públicas eficazes são um marco de mudança estratégica para um lugar de fala diferente da decantada assistência social do Estado.

Estamos convencidos, porém, de que o espaço para a atuação do setor privado na promoção do desenvolvimento com justiça social existe e tende a se ampliar pelo menos em três direções possíveis:

a) O investimento em organizações da sociedade civil de apoio aos grupos mais desfavorecidos da sociedade;

b) A produção e disseminação de bens e serviços públicos; e

c) O investimento em sistemas de informação e monitoramento que melhorem a eficiência e a eficácia das políticas públicas.

3.3.1 Investimentos nos grupos mais desfavorecidos

Como já se viu, grande parte do investimento social privado considera fator de decisão importante uma estratégia de *marketing* social, ou seja, uma lógica que tem por objetivo passar para acionistas, consumidores, governo e sociedade a imagem de que a empresa é cidadã ou socialmente responsável. Pelas razões enunciadas anteriormente, a eficácia desses investimentos tende a ser duvidosa. Não se pode ignorar que, cada vez mais, essa estratégia de propaganda, quando não acompanhada de um compromisso real de oferecer oportunidades concretas de mudança, é facilmente detectada por analistas de negócios, formadores de opinião e opinião pública, preocupados com a situação social do Brasil.

No entanto, pode haver um espaço para que os investimentos sociais contribuam efetivamente para melhorar a imagem da empresa. Isto se dá quando tais investimentos se direcionam para movimentos sociais ligados aos grupos menos favorecidos da sociedade: crianças e adolescentes, afro-descendentes, pessoas portadoras de deficiência, instituições ligadas à comércio justo e/ou geração de negócios sustentáveis, instituições ligadas à geração de trabalho e renda, trabalhadores ligados às micro e pequenas empresas etc. Investindo nesses movimentos, a empresa se tornará ALIADA da emancipação socioeconômica de tais grupos e poderá ter retornos tangíveis, até mesmo em termos da demanda por seus produtos.

Há várias maneiras de se realizarem esses investimentos:

a) No viés da responsabilidade social INTRAMUROS, por meio de ações afirmativas dentro da empresa (na contratação de portadores de deficiências ou de afro-descendentes, selecionando fornecedores no universo das micro e pequenas empresas etc.).

b) Investindo em entidades do Terceiro Setor que atuem nesse campo.

c) Adequando a gama de bens e serviços da empresa às necessidades específicas desses grupos. Isso, aliás, vem ocorrendo de forma crescente: desde o lançamento de produtos de beleza ou de revistas especializadas para afro-descendentes até o lançamento de programas de microcrédito produtivo por parte de entidades financeiras privadas etc.

3.3.2 Produção e disseminação de bens e serviços públicos

Vale repetir que a desigualdade de renda decorre do acesso desigual a ativos (propriedade privada) e serviços (educação, capacitação profissional, saúde, crédito, telecomunicações, energia elétrica etc.), e que reduzir a desigualdade passa, portanto, por democratizar o acesso a esses ativos e serviços. É importante ressaltar que, para ter êxito, esse processo não pode se dar de forma fragmentada. Isto é, para ser capaz de melhorar sua qualidade de vida, não basta que uma pessoa tenha acesso a alguns desses serviços (educação, crédito ou tecnologia da informação) e não a outros (capacitação profissional, energia elétrica, telefonia etc). Outra observação importante é que pouco importa, para essa pessoa, quem (governo, empresa privada ou organização não-governamental) está oferecendo estes serviços, desde que eles estejam de fato disponíveis – na quantidade e na qualidade demandadas.

O setor privado pode ter um papel significativo na ampliação do acesso a esses ativos e serviços sem renunciar à missão precípua de buscar lucro para acionistas, contanto que as empresas ampliem os prazos em que costumam pensar seus horizontes – o que é hoje facilitado pela consolidação da estabilidade macroeconômica.

Em primeiro lugar, porque grande parte dos serviços de utilidade pública no Brasil encontra-se hoje nas mãos da iniciativa privada. As empresas presentes nestes setores têm, por motivos diversos, enfrentado problemas provocados pela excessiva concentração de renda. As distribuidoras de energia elétrica, por exemplo, têm registrado perdas significativas por causa de ligações ilegais em comunidades de baixa renda;[18] empresas de telefonia fixa e de televisão a cabo operam aquém de suas capacidades instaladas porque se defrontam com demandas insuficientes e elevados riscos de inadimplência.

Várias destas empresas no Brasil já tiveram a percepção de que investir no bem-estar das comunidades em que estão presentes é algo que pode gerar externalidades positivas e reverter em aumento da demanda por seus serviços. Note-se que essas externalidades podem existir mesmo para empresas que não atuam no campo de serviços de utilidade pública. Uma editora ou um banco, por exemplo, poderiam ter interesse em investir em educação ou em geração de renda para aumentar o número potencial de seus clientes.

Em muitos casos, porém, estas empresas se frustraram. A razão é simples: por maiores que tivessem sido seus investimentos na área social, eles se revelaram insuficientes para resolver o problema com que se defrontavam. O problema da escala só pode ser resolvido à medida que as empresas se mostrem dispostas a realizar parcerias em suas ações em prol do desenvolvimento dessas comunidades: com outras empresas (muitas vezes de outros setores) cujos interesses sejam semelhantes, entidades da sociedade civil e diferentes níveis de governo.

Este tipo de ação possui duas características fundamentais:

➤ Só pode se produzir no âmbito do local. Este "local" não pode ser definido burocraticamente (como uma favela, um bairro ou um município), mas democraticamente, de baixo para cima, a partir das similitudes das demandas das comunidades e das características daqueles que ofertam os serviços (o que significa que poderá abranger regiões inteiras dentro de uma cidade, ou diferentes municípios, dependendo do caso).

➤ Choca-se frontalmente com a cultura do *marketing* social. Fazer parcerias para o desenvolvimento, de fato, implica necessariamente dissolver a marca da empresa no meio de outras marcas. O tipo de retorno esperado aqui não é – salvo em casos excepcionais – em termos da imagem da empresa. Grandes empresas, que possuem pesos específicos importantes nas economias das regiões em que atuam, poderão, por diferentes razões, ter interesse em capitanear a costura dessas parcerias, empreendendo o desenvolvimento desses territórios. Na maior parte dos casos, porém, as empresas terão de aderir a iniciativas tomadas por outros atores.

O importante é que, na lógica aqui sugerida, há uma ampliação do espaço público para além das fronteiras estatais ditadas pela racionalidade econômica de empresas que investem no social para, direta ou indiretamente, expandirem seus negócios. Cabe lembrar, mais uma vez, que o tema do desenvolvimento por incremento da produtividade, crescimento econômico e aumento da oferta de emprego, a despeito de um início de recrudescimento otimista ao final de 2003, está em vias de se esgotar. Por si só, ele não basta para assegurar o tão almejado crescimento de demanda por produtos no longo prazo.

3.3.3 Diagnóstico, avaliação e monitoramento de políticas públicas

O setor privado deveria, enfim, ter interesse em investir na melhoria da qualidade do gasto público social, ou seja, em diagnóstico, monitoramento e avaliação de políticas públicas para aumentar o foco, a eficácia e a eficiência dessas políticas.[19]

À primeira vista, este argumento pode parecer bizarro. Afinal de contas, esta não é, nem deve ser – pelo menos *a priori* –, uma atividade-fim do setor privado, que apenas recentemente (e ainda incipiente) tem despertado para a necessidade de fazer o mesmo em relação a seus próprios investimentos sociais. Mas é uma atividade estratégica demais para ficar nas mãos do governo: ninguém pode, sem levantar ceticismos, avaliar a si próprio. O lugar apropriado para a realização dessa atividade é o espaço público não-estatal, cujos contornos, apesar dos progressos recentes, ainda estão muito mal definidos em nosso país.

Observe-se que não se trata, pelo menos em princípio, de um dever precípuo dos Tribunais de Contas – cuja missão é a de zelar pela não malversação de fundos públicos, no sentido estrito da probidade administrativa, mais do que mensurar a pertinência e os impactos das políticas públicas. E que, pelo menos até o momento, tampouco se pensou em criar agências reguladoras para tratar do assunto. O que significa que há uma institucionalidade a ser criada nesse campo.

O espírito que deveria nortear esse esforço de desenvolvimento institucional é o de maximizar a fidedignidade, a transparência e a credibilidade dos indicadores a serem criados – o que pressupõe, entre outras coisas, que quem estiver encarregado de elaborá-los deverá ter um elevado grau de independência (inclusive de impermeabilidade aos ciclos políticos), uma grande capacidade de diálogo e de negociação com o conjunto da sociedade e uma forte e contínua interlocução com os poderes públicos. Por todas estas razões, acreditamos que o lugar certo para que isso ocorra é a sociedade civil; mais precisamente, dentro daquelas organizações reconhecidamente de interesse público (Organizações da Sociedade Civil de Interesse Público (OSCIPs) que, no entanto, não contam com os recursos próprios necessários para assumir esta missão. O que se propõe, então, é que esses recursos venham do setor privado.

Por que o setor privado teria interesse em financiar este tipo de atividade? Porque não apenas a falta de foco e de transparência, mas o "achismo", o "invencionismo" e a descontinuidade nas políticas públicas custam caro e tendem a se traduzir em aumento da carga tributária. Mais diagnóstico, monitoramento e avaliação levam ao contínuo redesenho das políticas públicas. Se é verdade que estamos em um país que hoje prioriza a redução da pobreza (e, quase certamente, continuará a fazê-lo por um bom tempo), onde o setor público não gasta pouco, mas gasta mal em políticas sociais, o desafio não é o de elevar o gasto neste setor, mas melhorar a qualidade do gasto que já é realizado, ou seja, aumentar a eficiência e a eficácia no sentido daquilo que é tido pela sociedade como prioritário. Em outras palavras, para que as políticas públicas sejam mais capazes de chegar aos pobres e transformar suas condições de vida, mais do que instituir novos programas sociais que venham se somar aos que já existem, é necessário avaliar o que existe para redesenhá-lo e, eventualmente, substituí-lo.

O redesenho e a substituição de políticas públicas para impulsionar sua eficácia e eficiência do ponto de vista da redução da pobreza, por sua vez, tendem a condenar os grupos que hoje se beneficiam das políticas existentes, ou seja, os não-pobres, ou os grupos mais organizados e mais capazes de resistir politicamente na sociedade brasileira. Em uma democracia, isto só é possível quando os argumentos são muito fortes e são passados, de forma transparente e convincente, para o conjunto da sociedade. É por essa razão que, se não for possível redesenhar e substituir as políticas públicas atuais, o atendimento aos pobres só poderá se dar à custa de maior carga tributária.

O que se sugere, em suma, é que as empresas privadas invistam nessa área com base em um simples raciocínio de custo-benefício. No entanto, isso pressupõe um grau de maturidade política e uma capacidade de negociação entre os diferentes segmentos da sociedade que inexistem atualmente, mas devem ser buscados, pois constituem peça essencial de uma democracia mais participativa que, por sua vez, é peça inerente de um modelo de desenvolvimento com justiça social.

4 Conclusão

A desigualdade é hoje o principal problema do Brasil, tanto do ponto de vista social quanto do econômico. Além de responder sozinha por mais da metade do número de pobres, ela gera ineficiência, refreia o crescimento econômico e piora os indicadores de violência urbana.

Combater a má distribuição de renda pressupõe, antes de tudo, entender o processo histórico que a gerou e a reproduz até hoje. De fato, para que possamos almejar um futuro diferente, precisamos, primeiro, enxergar e assumir uma postura mais responsável perante a questão da desigualdade.

A desigualdade não é apenas um problema de política pública. Suas principais causas são estruturais: a insuficiência crônica de investimentos nas pessoas e nas relações entre as pessoas e um aparato institucional, que perpetua o modelo de Estado centralizador e autoritário, desenhado para defender uma estratégia de desenvolvimento que não tinha como objetivo o aumento do bem-estar da sociedade como um todo.

Por estas razões, reduzir a desigualdade se confunde, em grande medida, com o aprofundamento da democracia em nosso país e começa pela reforma do Estado, processo que já está em curso, mas não ainda com a intensidade desejável. O desafio é o de, simultaneamente, desvincular o gasto público social das mãos das camadas mais organizadas da sociedade e desenhar instituições capazes de produzir resultados socialmente menos iníquos.

Procurou-se mostrar, neste artigo, que uma participação efetiva do setor privado na implantação de um modelo de desenvolvimento que priorize reduzir substancialmente o número de pobres tem como pré-condição que o Estado faça seus deveres de casa a fim de melhorar a qualidade de seus gastos e continuar gerando, de forma crível e consistente, superávits nominais.

Isso não equivale a dizer que o setor privado tenha de esperar que a reforma do Estado se complete para passar a atuar de forma mais consistente neste campo. Até agora, sua atuação, embora muito mais importante e visível que no passado, ainda peca pela fragmentação e pela falta de foco, eficácia e eficiência dos esforços empreendidos.

Para assumir um papel mais relevante na implantação do modelo de desenvolvimento com justiça social proposto neste artigo, faz-se necessário, em primeiro lugar, o aumento do grau de cooperação entre as empresas e entre o conjunto destas e as outras esferas da sociedade.

Mais cooperação não significa, como muitos acreditam, menos competição. Pelo contrário: os territórios mais competitivos do mundo (como o Vale do Silício ou a Terceira Itália) são aqueles em que as empresas foram capazes de perceber que tinham interesse em investir conjuntamente para criar externalidades comuns às próprias empresas, a seus funcionários e às comunidades em que atuam. O difícil, no mundo globalizado, é encontrar empresas que sejam competitivas em territórios não-competitivos. E é por estarem interessadas na geração e na reprodução da competitividade dos territórios em que atuam que as empresas precisam investir fora de suas fronteiras, na produção e disseminação de bens e serviços públicos – como defendido neste artigo.

Viu-se, ainda, que, no quadro brasileiro atual, as empresas também deveriam estar interessadas em investir na emancipação dos grupos mais desfavorecidos da sociedade e em sistemas de informações que possam levar a maior eficiência e eficácia das políticas públicas.

Em suma, propõe-se que, no bojo do processo de democratização em curso na sociedade brasileira, o setor privado assuma um papel político mais independente e maduro. A adoção, ainda que tardia, da liberdade sindical seria um passo importante para incentivar esse tipo de atitude.

NOTAS

1. Note-se, contudo, que esta última é subestimada nos dados aqui utilizados, visto que a Pesquisa Nacional por Amostra de Domicílios (PNAD) não leva em conta os rendimentos do capital que se concentra nessa camada da população.

2. Organização para a Cooperação e o Desenvolvimento Econômico, que reúne os trinta países mais ricos do planeta.

3. Se R$ 3.151,00 podem parecer muito pouco para incluir alguém entre aqueles que compõem o 1% mais rico da população, basta lembrar que os rendimentos do capital estão subestimados nessa pesquisa e considerar que isso representa mais de 16 vezes o valor da mediana da distribuição, ou seja, a fronteira que separa os 50% mais ricos dos 50% mais pobres.

4. Observe-se que a definição de pobreza adotada no gráfico é a do Banco Mundial e difere, portanto, daquela usada anteriormente neste texto.

5. Esta seção inspira-se em Méier (2000).

6. A evolução dessas idéias será retomada em uma seção específica, um pouco mais adiante neste artigo.

7. Ou seja, se fosse possível transferir para cada pessoa com renda insuficiente exatamente a quantia necessária para que ela deixasse de ter renda insuficiente.

8. Consulte Urani (2002) para mais detalhes sobre a agenda de reformas que julgamos necessária.

9. Algumas referências básicas encontram-se listadas na parte final deste estudo.

10. Desde a década de 1980, o Grupo Calvert lançou o primeiro fundo de investimentos socialmente responsáveis, oferecendo a investidores uma carteira de empresas que respeitam determinadas normas de comportamento ético no desempenho de seus negócios. Essa prática vem se difundindo no mundo. Assim, ética no processo de gerar lucro tem sido um vetor importante para atrair acionistas. A Bolsa de Nova

York, por exemplo, adota o Dow Jones Sustainability Indexes como vetor importante na atração de negócios.

11. Novos códigos foram desenvolvidos para reforçar os princípios e valores de RSE: United Nations Global Compact. Caux Round Tables, Global Sullivan Principles, Keidaren Charter for Good Corporate Behavior etc. Criou-se também uma série de certificações para avaliar e comprovar o cumprimento dessas normas internacionais: SA 8000, AA 1000, OHSAS, os selos ISO etc. Os relatórios de desempenho das empresas também sofrem transformações com o surgimento do Balanço Social, um demonstrativo empresarial que contabiliza os indicadores sociais e ambientais de forma a tornar público o nível de compromisso das empresas com o TBL (*tripple bottom line*), como o Global Reporting Initiative, o Balanço Social Ibase etc. Como mencionado em nota anterior, foram criados índices de sustentabilidade para monitorar o desempenho das empresas em relação ao TBL: Dow Jones Sustainability Indexes, Domini Social 400 Index etc. O maior desafio para a sociedade civil é compreender como obter uma informação transparente e efetiva sobre o real desempenho das empresas. A diversidade de indicadores e padrões de mensuração dificulta a comunicação desses dados, sobretudo porque há diferentes ênfases de abordagem.

12. Deve-se fazer uma ressalva: o Instituto Ethos, em parceria com a Federação das Indústrias do Estado de São Paulo (Fiesp) e com patrocínio da Natura Cosméticos e da Souza Cruz, realizou uma pesquisa com 17 mil empresas do Estado de São Paulo para mensurar aspectos de auto-regulação, divulgação de valores, relação com empregados, fornecedores e clientes e investimentos sociais ou comunitários; uma amostra interessante para se obter mais clareza sobre o impacto da responsabilidade social no Brasil. Cf.: Responsabilidade social empresarial: panorama e perspectiva na indústria paulista. São Paulo, 2003.

13. Cf. Falconer, Vilela (2001).

14. Cf. Hunsaker, Hanzl (2003).

15. Cf.: *Harvard Business Review on Strategic Alliances*. Boston: Harvard Business School Press, 2002; Dent, S.: *Partnering intelligence: creating value for your business by building smart alliance*. Palo Alto: Davies-Black Publishing, 1999; e Yoshimo, M. et alii: *Strategic Alliances: an entrepreneurial approach to globalization*. Boston: Harvard Business School Press, 1995.

16. Apresentação realizada no Seminário Justiça Social como Valor na Gestão do Investimento Social Privado no Brasil, promovido pela Takano Cidadania em parceria com o Núcleo de Responsabilidade Social da Firjan, em junho de 2003.

17. Toro (2003).

18. Ainda que este tipo de ligação também exista em condomínios de luxo e em reputadas universidades públicas.

19. Note-se que, a rigor, este tema poderia ser enquadrado no item anterior. Em razão de sua importância, contudo, resolvemos destacá-lo.

REFERÊNCIAS BIBLIOGRÁFICAS

ABONG. *As ONGs e a realidade brasileira – 5 iniciativas empresariais e projetos sociais sem fins lucrativos*. São Paulo: Abong, 1995.

Ação social, investimento com dividendos garantidos. In: *Valor Econômico*, Ano 3, nº 526, 1º Caderno. São Paulo, 11 de junho de 2002. <http://www.valoronline.com.br/valoreconomico/materia.asp?id=1256566>

Ações sociais das empresas – InterScience informação e tecnologia aplicada. In: *Revista Carta Capital*, Ano VIII, nº 184. São Paulo: Editora Confiança Ltda., 2002. <http://cartacapital.terra.com.br/site/index_frame.php>

ALMEIDA, Fernando. *O bom negócio da sustentabilidade*. Rio de Janeiro: Nova Fronteira, 2002.

ANDRADE, Rui Otávio Bernardes; TACHIZAWA, Takeshy; CARVALHO, Ana Barreiros de. *Gestão Ambiental – Enfoque estratégico aplicado ao desenvolvimento*. 2.ed. São Paulo: Makron Books, 2002.

ASHLEY, Patrícia A. (coord.). *Ética e responsabilidade social nos negócios*. São Paulo: Editora Saraiva, 2002. Gife, referência #116:652 A826e.

AZAMBUJA, Marcos de. *O Brasil e a cidadania empresarial*. In: *Jornal Valor Econômico*, Ano 2, nº 244. São Paulo, 20 de abril de 2001.

BARROS, Ricardo Paes de; HENRIQUES, Ricardo; MENDONÇA, Rosane. *A estabilidade inaceitável: desigualdade e pobreza no Brasil*. Texto para Discussão nº 800/01. Rio de Janeiro: Ipea, 2000.

_____. *Pelo fim das décadas perdidas: educação e desenvolvimento sustentado no Brasil*. HENRIQUES, Ricardo (org.). In: *Desigualdade e pobreza no Brasil*. Rio de Janeiro: Ipea, 2000.

BARROS, Ricardo Paes de; FOGUEL, Miguel. *Focalização dos gastos públicos sociais e erradicação da pobreza no Brasil*. HENRIQUES, Ricardo (org.). In: *Desigualdade e pobreza no Brasil*. Rio de Janeiro: Ipea, 2000.

BORGER, Fernanda Gabriela. *Responsabilidade social: efeitos da atuação social na dinâmica empresarial* (tese de doutorado). São Paulo: Departamento de Administração da USP, 2001.

CASAROTTO FILHO, Nelson.; PIRES, Luis Henrique. *Redes de pequenas e médias empresas e desenvolvimento local.* São Paulo: Atlas, 1999.

FREI BETTO. *Pós-Modernidade e novos paradigmas.* In: Instituto Ethos Reflexão, Ano 1, n° 3. São Paulo: Instituto Ethos, novembro 2000.
<http://www.ethos.org.br/docs/conceitos_praticas/publicacoes/reflexao/reflexao_03.pdf>

Cidadania participativa: Responsabilidade social e cultural num Brasil democrático (Seminário Internacional). Rio de Janeiro: Texto & Arte, 1995.

CORREA, Stela Cristina Hott. *Projetos de responsabilidade social: a nova fronteira do marketing na construção de uma imagem institucional.* Rio de Janeiro: Coppead, 1997.

COSTA, Antônio Carlos Gomes. *Lições de aprendiz: pessoas, idéias e fatos que estão construindo uma nova história de responsabilidade social no Brasil.* Belo Horizonte: Modus Faciendi, 2002. Gife, referência #37:655.3 C823L.

COSTA, Cláudia Soares; VISCONTI, Gabriel Rangel. *Empresas, responsabilidade corporativa e investimento social – Uma abordagem introdutória.* Rio de Janeiro: BNDES, 03/2000. <http://www.bndes.gov.br/conhecimento/relato/social01.pdf>
_____.; _____.; AZEVEDO, Caio Britto de. *Balanço Social e outros aspectos da responsabilidade corporativa.* Rio de Janeiro: BNDES, março/2003.
<http://www.bndes.gov.br/conhecimento/relato/social02.pdf>

COSTA, Sandra Mara. *Que tratamento a imprensa está conferindo ao investimento social privado?* São Paulo, 2000 (Gife referência # C 316.77:316.354 2000).

CRESPO, Samyra (coord.). *O que o brasileiro pensa do meio ambiente e do desenvolvimento sustentável.* In: *Revista Religião e Sociedade.* Rio de Janeiro: Iser – Instituto de Estudos da Religião, 2002 <http://integracao.fgvsp.br/Banco Pesquisa/pesquisas_n23_2003.htm.>

D'AMBROSIO, Daniela. *Investir em ética pode ser um bom negócio.* In: *Gazeta Mercantil.* São Paulo, 27 de julho de 1998. p. C-8.

DE LUCA, Márcia Martins Mendes. *Demonstração do valor adicionado.* São Paulo: Atlas, 1998.

DONAIRE, Denis. *Gestão ambiental na empresa.* 2.ed. São Paulo: Atlas, 1999.

DUARTE, Gleuso Damasceno; DIAS, José Maria. *Responsabilidade social: a empresa hoje.* Rio de Janeiro: Livros Técnicos e Científicos, 1986.

Empresas e consumidores estão cada vez mais engajados em ações de Responsabilidade Social. In: *Empresas do futuro* (Edição Especial – Tendências), Ano 2, nº 6. São Paulo: Instituto Ethos, abril/maio 2000.

Empresas e responsabilidade social: um estudo sobre as ações realizadas pelo setor privado em Minas Gerais. Belo Horizonte: Conselho de Cidadania Empresarial da FIEMG, 2000.

Estratégias de empresas no Brasil: atuação social e voluntariado. São Paulo: USP / Gife / Programa Voluntários / CIEE / Senac-SP, 1999.

Exame. Guia de boa cidadania corporativa. Edição Especial. São Paulo: dezembro 2002. <http://www.exame.com.br>

FALCONER, Andres Pablo; VILELA, Roberto. *Recursos privados para fins públicos: as grantmakers brasileiras*. São Paulo: Fundação Peirópolis, 2001.

FERNANDES, Rubem César. *Privado porém público: o Terceiro Setor na América Latina*. Rio de Janeiro: Relume-Dumará,1994.

FERRELL, O. C.; FRAEDRICH, John; FERRELL, Linda. *Ética empresarial – Dilemas, tomadas de decisões e casos*. Rio de Janeiro: Reichmann e Affonso, 2001.

FIDES; Arthur Andersen e a Gazeta Mercantil. *Ética na atividade empresarial*. In: *Documento Fides nº 2*. São Paulo: Fides, maio 2000.

FISCHER, Maria (org.). *Desafio da colaboração: praticas de responsabilidade social entre empresas e Terceiro Setor*. São Paulo: Editora Gente, 2002. Gife, referência #652 F524d.

GARCIA, Bruno Gaspar et alii. *Responsabilidade social das empresas: a contribuição das universidades*. São Paulo: Fundação Peirópolis, 2002. Gife, referência # 655.3 R434.

GIFE – Grupo de Institutos, Fundações e Empresas. *Investimento social privado no Brasil – Perfil e catálogo dos associados*. Gife: São Paulo, 2001.

GIFE e Fundação Demócrito Rocha. *II Congresso nacional sobre investimento social privado – A articulação entre o público e o privado na construção de uma nova ordem sócial* (CD-ROM). SãoPaulo/Fortaleza, 2002.

GIFE e Fundação Otacílio Coser. *I Congresso nacional sobre investimento social privado – Desafios e perspectivas para o desenvolvimento brasileiro – Destaques das Apresentações*. São Paulo / Vitória, 2000.

GONÇALVES, Aline. *Responsabilidade social empresarial*. Brasil: Site Intermanagers, 2000. <http://www.intermanagers.com.br>

GRAYSON, David; HODGES, Adrian. *Compromisso social e gestão empresarial*. São Paulo: Publifolha, 2002.

HENDERSON, Hazel. *Beyond globalization: shaping a sustainable global economy.* Connecticut: Kumerian Press, 1999.

HENRIQUES, Ricardo (org.). *Pobreza e desigualdade no Brasil.* Rio de Janeiro: Ipea, 2000.

HIRSCHMAN, Albert O. *De consumidor a cidadão – Atividades privadas e participação na vida pública.* São Paulo: Brasiliense, 1982.

HOLLIDAY JR., C.O.; SCHMIDHEINY, S.; WATTS, P. *Cumprindo o prometido: casos de sucesso de desenvolvimento sustentável.* São Paulo: Campus, 2002.

HUNSAKER, J.; HANZL, Brenda. *Understanding social justice philanthropy.* Washington: National Commitee for Responsible Philanthropy, 2003.

Iets. *Desenvolvimento com justiça social – Esboço de uma agenda integrada para o Brasil; Policy Paper* nº 1. Rio de Janeiro, 2001.

_____. *A agenda perdida; Policy Paper* nº 2. Rio de Janeiro, 2002.

_____. *A mobilização produtiva dos territórios: uma perspectiva para as políticas públicas de geração de trabalho e renda. Policy Paper* elaborado para o Ministério do Trabalho e Emprego, 2002.

INSTITUTO ADVB DE RESPONSABILIDADE SOCIAL (IRES). *IV Pesquisa nacional sobre responsabilidade social nas empresas.* São Paulo: Ires/ADVB, 2003. <http://www.advbfbm.org.br/ires/pesquisas/IV_pesquisa.pdf>

INSTITUTO ETHOS. *Atuação social das empresas: percepção do consumidor.* In: *Jornal Valor Econômico.* São Paulo, 19/06/2000. <http://integracao.fgvsp.br/ano5/14/pesquisas_n17_2000.htm>

_____. *Responsabilidade social das empresas: percepção do consumidor brasileiro.* São Paulo: Ethos Institute, 09/2001.

IOSCHPE, Evelyn Berg (org.). *Terceiro Setor – Desenvolvimento social sustentado.* São Paulo: Gife e Paz e Terra, 1997.

JOIA, Sonia (org.). *O empresário e o espelho da sociedade.* Rio de Janeiro: Ibase, 1994.

KLIKSBERG, Bernardo. *Falácias e mitos do desenvolvimento social.* São Paulo: Cortez/Unesco, 2001.

KOTLER, Philip; ROBERTO, Eduardo L. *Marketing social – Estratégias para alterar o comportamento público.* Rio de Janeiro: Campus, 1992.

LANDIM, Leilah (org.). *Ações em sociedade.* Rio de Janeiro: Nau, 1998.

_____. *ONGs, Filantropia e o enfrentamento da crise brasileira.* Rio de Janeiro: Iser, 1994.

_____. *Para além do mercado e do Estado? Filantropia e cidadania no Brasil.* Rio de Janeiro: Iser – Textos de Pesquisa, 1993.

_____ COTRIM, Lecticia Ligneul. *ONGs: Um perfil – Cadastro das filiadas à Associação Brasileira de ONGs (Abong).* São Paulo: Abong/Iser, 1996.

_____ BERES, Neide. *As organizações sem fins lucrativos no Brasil: ocupação, despesas e recursos.* Rio de Janeiro: Nau, 1999.

LEITE, Celso Barbosa. *Filantropia e contribuição social.* São Paulo: LTr,1998.

LIMA, Marirone Carvalho. *Responsabilidade social: apoio das empresas privadas brasileiras à comunidade e os desafios da parceria entre elas e Terceiro Setor.* São Paulo: Peirópolis, 2002. Gife, referência #655.3 R434 AM089.

<http://www.valoronline.com.br/parceiros/ethos/trabalho_12.html>

LINA, Amália; SOUZA, Paulo. *Marketing social.* São Paulo: Crescente, 2001.

LOPES, Ignez Vidigal (org.). *Gestão ambiental no Brasil – Experiência e sucesso.* 4.ed. Rio de Janeiro: FGV, 2001.

LUCA, Márcia Martins de. *Demonstração do valor adicionado.* São Paulo: Atlas, 1998.

MATTAR, Helio. *Os novos desafios da responsabilidade social empresarial.* Instituto Ethos Reflexão, Ano 2, nº. 5. São Paulo, julho 2001. <http://www.ethos. org.br/docs/conceitos_praticas/publicacoes/reflexao/reflexao_05.pd>

MCINTOSH; LEIPZIGER; JONES; COLEMAN. *Cidadania corporativa – Estratégias bem-sucedidas para empresas responsáveis.* Rio de Janeiro: Qualitymark, 2001.

MCKINSEY & CO. *Effective capacity building nonprofit organizations.* Washington: Venture Philanthropy Partners, 2001.

MEIER, Gerald M. *The old generation of development economists and the new.* In: MEIER, Gerald M.; STIGLITZ. Joseph (orgs.). *Frontiers of development economics – The future in perspective.* Washington, D.C.: Banco Mundial, 2000.

MOREIRA, Joaquim Manhães. *A ética empresarial no Brasil.* São Paulo: Pioneira, 1999.

NEDER, Ricardo T. *Organizações não-governamentais na (re)construção da sociedade civil no Brasil – Década de 90.* (Relatório de Pesquisa – Dinâmicas, sujeitos e vinculações entre público e privado nos anos 90). São Paulo: CNPQ/EAESP/ FGV, 1995.

NIETO, Luis (coord.). *La ética de las ONGs y la lógica mercantil.* Barcelona: Icaria, 2002.

Núcleo de Ação Social. *Ação social das empresas.* São Paulo: Fiesp/Ciesp, 2001.

OLIVEIRA, Anna Cynthia; NAVES, Rubem. *Incentivos fiscais para o investimento social no Brasil*. São Paulo: Editora Senac São Paulo. Gife, referência #316.354 (1) F745 AM076.

OREM, Bernadette Coser de. "Responsabilidade social empresarial." In: *A Gazeta*. Espírito Santo, 23/11/99.

OXFAM, Catholic Relief Services, Visão Mundial e Save The Children. *Empresas e responsabilidade social: um estudo no nordeste do Brasil*. Recife: Universidade de Pernambuco, 1999. <http://www.interage.org.br/hist.html>

PELIANO, Anna Maria T. Medeiros (coord.). *Bondade ou interesse? Como e por que as empresas atuam na área social*. 2.ed. Brasília: Ipea, agosto de 2003.

_____. *Iniciativa privada e o espírito público: um retrato da ação social das empresas do Nordeste brasileiro*. Brasília: Ipea, abril de 2001.

_____. *Iniciativa privada e o espírito público: um retrato da ação social das empresas do Sul do Brasil*. Brasília: Ipea, maio de 2001.

_____. *Iniciativa privada e o espírito público: um retrato da ação social das empresas do Sudeste brasileiro*. Brasília: Ipea, março de 2000.

PFEIFFER, Claudia. GIFE – *Pelo investimento social privado para o desenvolvimento da nação brasileira*. Rio de Janeiro: Ágora da Ilha, 2001. Gife referência # 336.581:316.42 P526p AM010.

PINSKY, Jaime; PINSKY, Carla Bessanezi. *A história da cidadania*. São Paulo: Contexto, 2003.

PINTO, Luiz Fernando Silva. *Gestão-cidadã – Ações estratégicas para a participação social no Brasil*. São Paulo: FGV, 2002.

PRINGLE, Hamish; THOMPSON, Marjorie. *Marketing social – Marketing para causas sociais e a construção das marcas*. São Paulo: Makron Books, 2000.

ROBBINS, S.; COULTER, M. *Responsabilidade social e ética da administração*. São Paulo: Prentice-Hall do Brasil (PHB), 1998.

SANTOS, José Roberto dos. *Os empreendedores reais do terceiro milênio*. Belo Horizonte: Cultura, 1998.

SEBRAE. *Pequenos negócios e desenvolvimento: propostas de políticas públicas para redução da desigualdade e geração de riquezas*. Brasília: 2002.

SEN, Amartya. *Sobre ética e economia*. São Paulo: Companhia das Letras, 1999.

_____. *Liberdade como desenvolvimento*. São Paulo: Companhia das Letras, 2000.

_____. *Desigualdade reexaminada*. Rio de Janeiro: Record, 2001.

SINA, A.; SOUZA, P. *Marketing social*. São Paulo: Crescente Editorial, 1999.

SILVA, Gerardo. Sobre a tropicalização da experiência dos distritos industriais italianos. In: *Urani, André; Cocco, Giuseppe e Galvão, Alexander Patez (orgs.). Empresários e empregos nos novos territórios produtivos: o caso da terceira Itália.* Rio de Janeiro: DP&A, 2002.

SOROS, George. *A crise do capitalismo: as ameaças aos valores democráticos/as soluções para o capitalismo global.* Rio de Janeiro: Campus, 1998.

SROUR, Robert H. Ética empresarial. Rio de Janeiro: Campus, 2000.

Sustainability, International Finance Corporation (IFC) e Instituto Ethos. *Criando valor: o business case para sustentabilidade em mercados emergentes.* São Paulo: Instituto Ethos, fevereiro 2003. <http://www.sustainability.com/developing-value/Folheto-IFC-Port.pdf>

TEIXEIRA, Nelson Gomes (org.). *A ética no mundo da empresa.* 2.ed. São Paulo: Fundação Fides / Pioneira, 1998.

TOMEI, Patrícia Amélia. *Responsabilidade social: uma análise qualitativa da opinião do empresariado brasileiro* (tese de mestrado). Rio de Janeiro: PUC, 1981.

TORO, Bernardo J. "Una visión de la justicia social desde los derechos humanos." Apresentação no 2003 Global Senior Fellows Meeting, México, The Synergos Institute, 2003, <www.synergos.org>.

UNITED NATIONS GLOBAL COMPACT NETWORK. *Global compact introduced to Brazil.* Nova York: United Nations, 2002 <http://www.unglobalcompact.org/un/gc/unweb.nsf/content/Brazil02.htm>

URANI, André. *Desenvolvimento e distribuição de renda.* In: CASTRO, Ana Célia (org.). *Desenvolvimento em debate – Painéis do desenvolvimento brasileiro.* vol II. Rio de Janeiro: BNDES, 2002.

VÁRIOS AUTORES. *Cidadania participativa – Responsabilidade social e cultural num Brasil democrático.* Rio de Janeiro: Texto & Arte, 1995.

VOLTOLINI, Ricardo (coord.). *Perfil da empresa que investe em projetos sociais na comunidade.* São Paulo: Editora Senac São Paulo, 2000.

ZADEK, Simon: *The civil corporation: the new economy of corporate citizenship.* Londres: Earthscan Publications, 2001.

_____.; SABAPATHY, John; DØSSING, Helle; SWIFT, Tracey. *Agrupamentos de responsabilidade corporativa: alavancando a responsabilidade corporativa para atingir benefícios competitivos nacionais.* In: *Instituto Ethos Reflexão.* Ano 4, nº. 9. São Paulo, abril 2003.

<http://www.ethos.org.br/docs/conceitos_praticas/publicacoes/reflexao/reflexao_09.pdf>

____; WEISER, John. *Conversations with disbelievers to address social changes.* Nova York: The Ford Foundation, 2000.

Responsabilidade social corporativa e economia solidária

Marcos Arruda

OBJETIVO DESTE ARTIGO É ESBOÇAR UMA REFLEXÃO SOBRE A RESPONSABILIDADE social e ambiental corporativa (RSC) em relação à pobreza, às desigualdades sociais e ao meio ambiente, confrontando-a com o desafio estratégico da erradicação da pobreza e dos fatores que geram as desigualdades. É, também, enunciar os tipos de mudança tática e estratégica que podem orientar as empresas para caminhos que ultrapassem o "curtoprazismo" do mero alívio à pobreza, tornando-as agentes eficazes no combate às causas do empobrecimento e na promoção de relações sociais justas, igualitárias e sustentáveis. Estes caminhos passam, a meu ver, pela adesão de empresários, conscientes de sua cidadania, ao esforço sinérgico, em aliança com outros atores sociais e o Estado, pela construção de uma outra economia fundada nos valores da cooperação e da solidariedade, em níveis local, nacional e internacional.

A árvore se conhece pelos seus frutos. Embora o referencial dos direitos humanos, sociais e o desenvolvimento tenha uma natureza ética, seu substrato reside no modo como definimos o próprio ser humano. As concepções individualista e coletivista revelaram-se unilaterais, incompletas. O ser humano concreto integra as duas concepções numa diversidade complexa e dialética. Ele sintetiza em si tanto a história evolutiva do cosmos e da vida, quanto as histórias física, cultural, mental e espiritual da própria espécie. O modo de relação que hoje domina as economias e as sociedades – competição, agressividade, violência – nunca terá força suficiente para negar ou bloquear de vez os seus sentidos superiores – sociabilidade, ética, estética, busca de convergência, unidade na diversidade, amorosidade. Eis porque toda mudança institucional tem de ser acompanhada de transformações subjetivas e culturais, das nossas esferas mental, psíquica e espiritual, dos nossos valores, atitudes, comportamentos e modos de relação, pois só haverá novas instituições se houver novos sujeitos para construí-las e geri-las a serviço dos seus fins maiores.

É inútil procurar remédios para o comportamento anti-social de empresas privadas e estatais apenas no espaço da empresa. Se esse comportamento é gerador de desigualdades e injustiças sociais, se é egocêntrico e mesmo corrupto,[1] as causas vão muito além dos desvios éticos dos seus proprietários, executivos e funcionários. O mesmo podemos dizer da conduta do Estado e dos seus sempre efêmeros ocupantes.

A pobreza, a indigência e a injustiça social não são apenas fatos. São processos, produzidos e reproduzidos a cada dia nas relações de trabalho e em todas as outras relações sociais, inclusive as internas e externas às empresas, e as comerciais e financeiras de uma empresa e de uma nação. Fazem parte de um sistema de relações sociais que tem por fundamento uma certa visão de mundo e do ser humano. Estas relações não são dados da natureza; elas foram criadas por seres humanos, portanto podem ser também transformadas e recriadas por seres humanos.

Tomando como referência o texto de Urani e Roure, questiono o que entendo como a ilusão de crer que o setor privado – definido como aquele cuja atividade empreendedora tem por objetivo primeiro o lucro e a acumulação de capital – é condição indispensável para o desenvolvimento sustentável. Proponho, em troca, que mudanças no comportamento das empresas privadas, sem a mudança do objetivo primordial do lucro privado em ambiente de competição num mercado regido pelo darwinismo econômico (a lei do mais forte na economia), podem reduzir a pobreza, mas não são suficientes para gerar justiça social, bem-viver e a sustentabilidade do direito ao desenvolvimento para cada pessoa, comunidade e sociedade. Portanto, precisamos de um processo simultâneo e complementar de transformações: a da empresa e a societária, uma partindo da outra e uma alimentando a outra.

A transformação societária que propomos aqui sob o nome genérico de economia solidária é um caminho para criar o ambiente relacional e sistêmico adequado para que as empresas possam cumprir plenamente seu papel social. Mas isso exigirá que elas trabalhem para adotar um novo paradigma como bússola da sua atividade econômica, que sintetizo no termo DESENVOLVIMENTO "AUTOGESTIONÁRIO", SOLIDÁRIO E SUSTENTÁVEL e que discutirei mais adiante.

Os fatores internos de geração e reprodução da pobreza certamente são importantes, como bem mostram Urani e Roure. Mas eles só podem ser compreendidos e, principalmente, combatidos até a sua erradicação se forem interpretados dentro do contexto maior em que se inserem, que é o das relações sociais e culturais de produção em níveis internacional e planetário. A globalização do capital tem uma influência sobre a reprodução da pobreza que nenhum pesquisador pode ignorar (Arruda e Boff, 2003).

Falar em Responsabilidade Social Corporativa implica examinar a influência desta sobre os seres humanos que compõem a sociedade, tanto a parcela que trabalha para e na empresa quanto as parcelas externas à empresa: consumidores, fornecedores, comunidades circundantes, trabalhadores de outros elos da mesma cadeia produtiva, o universo atingido pela propaganda da empresa, enfim, os diversos ecossistemas afetados por sua atividade.[2]

Mas numa abordagem sistêmica e estratégica, a ação de cada empresa só pode ser entendida na sua "radicalidade" se colocada no contexto nacional e global que a determina. É indispensável examinar sua atuação em relação à legislação vigente, aos governos local, estadual e nacional, ao governo dos países de origem, no caso das transnacionais, às instituições financeiras multilaterais, à própria ONU e suas diversas agências e comissões.

Desenvolvimento e desigualdade social no Brasil

A investigação realizada por Urani e Roure merece atenção tanto pelos dados relativos às conseqüências das desigualdades sociais no Brasil, quanto pela busca dos fatores que as determinam. A afirmação de que o Brasil é um país dotado de riquezas naturais e humanas como poucos no planeta e que, apesar disso, um terço da sua população vive aquém das suas necessidades básicas de consumo tem a força de revelar, mais que um acidente lamentável da História, um indicador de irracionalidade do próprio modelo socioeconômico vigente.

Os autores apontam, com justeza, que a desigualdade e a pobreza são obstáculos a um desenvolvimento real da sociedade. A modernização embutida no ciclo de substituição de importações, que durou até o início dos anos 1980, não teve efeitos somente positivos. Fez crescer a economia e mudou o perfil da população e a estrutura de produção e consumo do País; mas colocou definitivamente o Estado a serviço do grande capital. Sem uma política consciente de pleno emprego, o Estado permitiu que o crescimento econômico acumulasse seus benefícios nas camadas minoritárias em proporção muito maior do que os que auferiram as massas trabalhadoras e excluídas. O modelo liberal adotado a partir de 1980 aprofundou ainda mais a elitização da economia e as desigualdades sociais, subordinando o País inexoravelmente ao sistema do capital mundial. Os fatores de empobrecimento e perpetuação das desigualdades foram, assim, agravados.

Durante 21 anos (1981-2001), a distribuição da renda, medida apenas com base na Pesquisa Nacional por Amostra de Domicílios (PNAD/IBGE), manteve-se praticamente inalterada. Notemos que este período começou com a crise do endividamento externo, provocada pela mudança da taxa de juros sobre o dólar por decisão unilateral do governo estadunidense, que afetou de forma fatal a capacidade de pagamento externo dos países subdesenvolvidos endividados em dólar. Os autores deixam de observar a correlação direta que existe entre, de um lado, o aprofundamento da desigualdade de renda e o aumento das taxas de desemprego e exclusão entre os brasileiros e, do outro, os mais de vinte anos de sangria dos seus recursos pelo torniquete sem fim da dívida externa. Este torniquete é o ajuste estrutural promovido e financiado pelo Fundo Monetário Internacional (FMI), o Banco Mundial e o Banco Interamericano de Desenvolvimento (BID). Este tipo de ajuste aperta a economia interna, acentua a atividade exportadora e força a transferência de parte substancial da riqueza produzida pela nação para o exterior, como pagamento de lucros, dividendos e juros das infindáveis obrigações de uma dívida já paga inúmeras vezes, e que tem características de ilegalidade e ilegitimidade.[3]

O vigor crítico dos autores redobra quando relacionam a desigualdade com o fenômeno cultural da naturalização e da "invisibilização" dos pobres. Ainda que concentrados, sobretudo nas grandes regiões metropolitanas, observam Urani e Roure (2003, p. 6): "Os pobres continuam, em sua maioria, invisíveis aos olhos da opinião pública e, portanto, dos formuladores e dos gestores das políticas públicas". Contudo, um aspecto cultural relevante é omitido: o questionamento da patologia embutida nas análises do Banco Mundial, cuja premissa é que existe uma proporção de pobres que pode ser considerada "normal". É preciso enfatizar que esta é apenas uma das evidências de que o Banco Internacional para Reconstrução e Desenvolvimento (Bird) e as outras instituições multilaterais contribuem para naturalizar a pobreza e, dessa forma, perpetuar sua própria razão de ser como bancos "de desenvolvimento". O conceito de pobreza "normal" está associado a um sistema centrado na acumulação do capital, e não na realização do direito de todos ao bem-viver, à liberdade e à felicidade.

Disciplina fiscal e reforma do Estado

Nesse campo, o texto cai em contradição. Avalia como "avanços auspiciosos" a política econômica de Fernando Henrique Cardoso (FHC) e o ajuste fiscal ainda mais regressivo e recessivo do governo Lula, que são incompatíveis com a proposta de "uma política fiscal ativa, centrada em transferências maciças de renda para as camadas mais pobres" (Urani e Roure, 2003, p.14).

Os autores consideram avanços o que os fatos demonstram ser retrocessos. O governo FHC deixou o Brasil mais desigual e vulnerável do que antes. Multiplicou as dívidas interna e externa; desmontou serviços públicos fazendo privatizações e desnacionalizações baratas e subsidiadas; manteve juros internos altos, facilitando a atividade especulativa e encarecendo os encargos públicos em favor dos credores privados; quebrou os governos estaduais e municipais; aumentou os impostos para pagar as dívidas financeiras e nem por isso elas diminuíram; facilitou que grande parte da renda nacional se concentrasse nos bancos credores e nos que se beneficiaram das privatizações; elevou o preço do petróleo para atrair as petroleiras estrangeiras; seguiu à risca os preceitos do FMI adotando planos recessivos de contenção da inflação e submetendo-se a fazer concessões para obter novos financiamentos que permitissem fechar as contas de capital e aumentavam a dívida.

A escolha do governo Lula de manter uma política fiscal cativa da prioridade das dívidas financeiras, aumentando o superávit primário até 4,5% do Produto Interno Bruto (PIB), mantendo juros excessivamente altos e fazendo aprovar reformas de efeitos anti-sociais evidentes significou que a equipe Lula deixou-se aprisionar na armadilha preparada por FHC e pelo FMI para garantir a continuidade do modelo. A falta de clarividência e coragem política desta equipe fez com que o superávit primário, ainda que somado aos saldos comerciais, tenha sido cronicamente insuficiente para cobrir todas as obrigações, por mais que os gastos sociais fossem cortados do orçamento em favor do pagamento de juros aos detentores de títulos das dívidas.[4] Estas obrigações são grandes e não cessam de aumentar: são insustentáveis para um projeto de nação! Outras alianças e caminhos eram possíveis para viabilizar um projeto nacional de desenvolvimento voltado para a superação das causas da pobreza, da vulnerabilidade e da instabilidade social e econômica do País (Arruda e Quaresma, 2003).

Lei Orgânica da Assistência Social (Loas), Fome Zero, Previdência Rural, Bolsa-Escola e Bolsa-Família são esforços importantes, mas tímidos na avaliação dos autores frente à enormidade do problema. Mais grave, se não vêm acompanhados de mudanças profundas na política econômica, que invertam as prioridades e reorientem os caminhos do desenvolvimento, aqueles programas, além de subfinanciados, ganham um caráter apenas compensatório.

Em resumo, Urani e Roure estão corretos ao identificar como fatores de empobrecimento as intervenções do Estado em benefício do grande capital, as deficiências na oferta de bens e serviços essenciais, a desigualdade de acesso a eles (propriedade, recursos naturais, educação, saúde, segurança) e o mau uso dos investimentos nas áreas sociais. Mas ao lado destes há que acrescentar como fatores de empobrecimento e descapitalização do País: a "financeirização" e a especulação financeira e cambial; as práticas ilegais e ilegítimas de grande parte das empresas, sobretudo as de maior escala; a estrutura tributária injusta e regressiva; a crônica evasão e a renúncia fiscal; a fuga de capitais; a impunidade; o conluio de interesses de políticos com grandes empresários; o sobreendividamento do setor público; o ajuste fiscal recessivo; a febril atividade produtiva e comercial voltada para os mercados externos; as privatizações (muitas vezes irresponsáveis e até corruptas)[5] de serviços públicos estratégicos;[6] e as crescentes remessas de lucros, dividendos e *royalties*.

Desenvolvimento do capital

Todas as concepções de desenvolvimento no contexto do sistema do capital resultaram em injustiças, desigualdades e exclusões sociais, regionais, raciais, sexuais. Para além do positivo e do negativo do nacional-desenvolvimentismo, ressaltados por Urani e Roure (2003, p. 11), acrescento que este modelo não levou em conta os efeitos sociais e ambientais do crescimento, nem promoveu a participação efetiva da sociedade na sua definição e implementação, nem pôs em cheque o caráter concentrador da riqueza. Esta concentração ficou dissimulada pela ilusão do aumento do PIB *per capita* e, também, do Índice de Desenvolvimento Humano (IDH). Permaneceu o império da maximização do lucro e da competitividade, a acumulação privada de capital e a instrumentação das instituições de governança para promover este modelo economicista de desenvolvimento.

Mas os autores são ambíguos em relação à versão neoliberal de desenvolvimento. Eles a identificam com o progresso modernizador, mas também fazem propostas que a antagonizam, como a de um Estado forte e ativo, "catalisador e viabilizador do desenvolvimento econômico e social das comunidades e territórios" (Urani e Roure, 2003, p. 18). O desenvolvimento neoliberal está centrado nos capitais mais fortes, não importando a origem, e em mercados desregulados que permitem o livre fluxo dos capitais.

Acontece que este é o caminho certo para o "totalitarismo de mercado", consubstanciado na presença cada vez mais dominante de oligopólios e cartéis e na mais total subserviência do Estado aos interesses do grande capital. Nos países do Hemisfério Sul, desenvolvimento tem sido identificado com crescimento econômico e significa a ação dos agentes privados via mercado, dando espaço à presença ampliada do capital externo, seja via investimentos diretos, seja mediante privatizações de empresas públicas ou fusões com empresas privadas nacionais, ou mesmo a incorporação destas no universo corporativo transnacional. O eufemismo INTERDEPENDÊNCIA é usado para descrever uma situação de domínio absoluto do setor privado simultaneamente sobre o estatal e o social. Quando o senhor principal deste domínio é o capital estrangeiro, tem-se a situação de HIPERDEPENDÊNCIA, ou a subordinação efetiva, seja ela política (a anexação de Porto Rico, Havaí e Alasca), seja monetária (Panamá, Equador), seja político-econômica (México e Canadá, no contexto da Alcan[7]).

Tendo como principais atores empresas e corporações transnacionais, que controlam cadeias produtivas inteiras subordinando o capital local médio e pequeno aos seus desígnios estratégicos, este desenvolvimento resulta em renúncia, pelo país hospedeiro, a um projeto próprio de desenvolvimento, em desemprego maciço e em subalternidade da política econômica frente aos fluxos de capitais financeiros, com dependência crescente deles para sustentar a economia nacional. No setor industrial brasileiro, atualmente, o domínio de empresas estrangeiras já alcança os 54%. Na Argentina, 404 das 500 maiores empresas são transnacionais.

Nesses ambientes competitivos e alienadores, é difícil que a mudança no comportamento individual de uma ou outra empresa venha a gerar benefícios duráveis para as maiorias exploradas e marginalizadas. Tais mudanças são importantes.

As propostas de Urani e Roure são construtivas e vão muito além dos limites da própria empresa. São propostas que envolvem a ação de outros atores da sociedade, portanto revelam uma abordagem mais integrada e realista, distanciando-se das que tomam a RSC como um desafio restrito a cada empresa.[8]

EM TERMOS DA AÇÃO SOCIAL DAS EMPRESAS: justiça social dentro da empresa, ações sociais e ambientais fora da empresa; desenvolvimento de relações éticas com os vários atores; mudança de percepção na gestão dos negócios e das pessoas; geração de empregos e oportunidades nas comunidades; promoção ativa dos direitos humanos e sociais; investimento nos mais desfavorecidos e em entidades sociais que atuem com eles; adequação da gama de bens e serviços da empresa às necessidades desses grupos; produção e disseminação de bens e serviços eticamente concebidos e realizados; criação de alianças com outras empresas e com os sujeitos a serem beneficiados; avaliação e monitoramento de políticas públicas visando maximizar a fidedignidade, a transparência, assim como a credibilidade dos indicadores de desenvolvimento.

EM TERMOS DE GOVERNANÇA E POLÍTICA ECONÔMICA: inovar na maneira de fazer política; partilha da governança e transparência da informação; ação estruturante e reguladora do Estado, a serviço do bem-estar coletivo; criação de arcabouço legal regulador.

EM TERMOS DA SOCIEDADE: o fortalecimento do associativismo e da cooperação, educação, comunicação e criação de incentivos ao setor privado e às entidades sociais; conscientização do setor privado para sua responsabilidade social; desenvolvimento do consumo consciente e ético; apropriação dos programas pelos beneficiários e sua transformação em gestores ativos da política pública.

Mas essas propostas merecem ser complementadas por outras como: trabalhar pela adoção de códigos de conduta compulsórios, desde que democraticamente pactuados; inovar na maneira de distribuir o poder econômico, financeiro e político; promover ações visando apoiar o "empoderamento" dos atores sociais para a gestão coletiva do desenvolvimento; agir de forma decidida nos campos político e jurídico, visando à transformação e democratização dos poderes e dos recursos do Estado e de outras agências de governança em instrumentos a serviço da superação da desigualdade social e a erradicação dos fatores de empobrecimento.

Esse conjunto de ações configura uma estratégia de transição da desordem e injustiça atuais para um modo de desenvolvimento fundado na cooperação, solidariedade e sustentabilidade.

Desenvolvimento "autogestionário", solidário e sustentável

O que estou propondo é que a RSC associe às ações táticas de alívio à pobreza e de ajuda aos setores carentes diretrizes estratégicas de combate aos fatores internos e externos de alienação da economia, empobrecimento da sociedade, enfraquecimento do Estado e desvirtuação da sua função eminentemente social. A autêntica RSC tende a desembocar, também, na profunda e radical transformação da própria empresa, a fim de priorizar a justiça social acima dos próprios ganhos individuais e atuar para que seja criado o ambiente sistêmico propício para que esta transformação se universalize.

O direito ao desenvolvimento como processo não apenas econômico e tecnológico, mas sobretudo humano e social, passou a ser reconhecido pela própria ONU desde os anos 1970. O real desenvolvimento é o desabrochar dos atributos e potenciais de que cada pessoa, comunidade e povo são portadores. A força motriz do desenvolvimento assim concebido são os próprios sujeitos humanos. O capital e a atividade econômica deviam ser tomados apenas como meios para o fim maior que é o desenvolvimento humano e social. A economia, para estar a serviço desses objetivos, precisa ter como referência o trabalho, o saber e a criatividade da mulher, do homem, das famílias, dos grupos humanos. São estes que outorgam o verdadeiro valor aos produtos que geram com seu trabalho, por isso são eles que devem controlar, seja individual, seja coletivamente, os meios e recursos produtivos. Supera-se, assim, o divórcio entre capital e trabalho, que é inerente ao sistema do capital.

Trabalhadores passam a ser proprietários e gestores dos empreendimentos. O valor de uso dos produtos passa a prevalecer sobre seu valor de troca, dado que a resposta às necessidades, desejos e aspirações de cada pessoa e comunidade passa a ser o objetivo principal da atividade econômica, e não a motivação egoísta do máximo lucro.

Tal práxis do desenvolvimento tem um fundamento político transformador: são os portadores dos atributos, recursos e potenciais – materiais e imateriais – a desenvolver, isto é, cada pessoa, comunidade e povo, que devem constituir-se em sujeitos do seu próprio desenvolvimento. Parafraseando Paulo Freire, NINGUÉM DESENVOLVE NINGUÉM E NINGUÉM SE DESENVOLVE SOZINHO. Qualquer agente externo que venha a atuar no território desses sujeitos terá um papel apenas subsidiário e complementar, jamais principal ou dominante. A autogestão do desenvolvimento e dos empreendimentos exige, pois, que os sujeitos "empoderem-se" e eduquem-se para a sua prática. Aprendam a pesquisar, planejar, consumir responsável e solidariamente, fazer e gerir um plano de negócios, comercializar de forma ética, ter o controle sobre suas finanças, ser coletivamente responsáveis pela definição e gestão do próprio desenvolvimento. O trabalho de irem sempre além de si próprios e do saber que já alcançaram é a garantia do progresso social e humano de uma sociedade que pratica este desenvolvimento.

ECONOMIA SOLIDÁRIA é um modo de organizar a atividade e as instituições econômicas em torno desses conceitos e valores. Sermos solidários significa estarmos solidamente interconectados uns com os outros. Mas estarmos interconectados não nos faz agir espontaneamente de forma solidária. É preciso que sejamos conscientes desta interconexão e escolhamos agir solidariamente em cada relação com os outros.

A economia solidária tem como objetivo buscar a satisfação sustentável das necessidades materiais e imateriais dos sujeitos humanos que lhe dão sentido. Entendida como gestão da casa (do grego *oikos* + *nomia*), a economia tem como primeira finalidade promover a satisfação e o bem-viver dos moradores das diversas casas que habitam, o corpo, o lar, o bairro, a cidade ou aldeia, a região, o país, o planeta. O modo de relação mais eficaz e, de fato, o único modo inteligente para realizar esses objetivos é o solidário.

Papel social da empresa na construção de uma economia solidária

A preocupação com a dimensão social e ambiental da empresa é um passo positivo na história recente do sistema do capital em processo acelerado de globalização.

O compromisso com mudanças no comportamento da empresa, tendo em vista o combate à pobreza, às desigualdades que lhe dão origem e até mesmo a fenômenos mais abrangentes da privação dos direitos individuais, sociais e ao desenvolvimento de grandes estamentos de trabalhadores, mulheres, crianças, idosos, grupos étnicos minoritários, tem levado um número crescente de empresas e empresários a defrontar-se com o antagonismo entre a lógica do máximo lucro e da máxima competitividade e a da cooperação e da solidariedade para com os pobres, carentes e excluídos.

Nesse processo, muitas empresas descobrem que ações filantrópicas geralmente são um bom negócio, porque agregam valor à sua imagem e reputação. Descobrem, também, que tais ações apaziguam a consciência ao efetuar algum alívio às aflições sociais e à destruição sistêmica do meio ambiente, sem exigir mudanças que afetem as causas profundas do empobrecimento e das desigualdades, que são as mesmas dos seus privilégios.

Outras, porém, querem ir mais longe. Decidem que, como boas estrategistas corporativas, precisam planejar ações de RSC tomando-se por base uma pesquisa dos fatores que geram e determinam os problemas que desejam enfrentar. Descobrem, assim, que os pobres, carentes e excluídos são, na verdade, oprimidos, explorados e "despossuídos" e que os responsáveis não são apenas mecanismos impessoais, mas aqueles que os utilizam para enriquecer-se e ganhar prestígio e poder. Essa percepção conduz à identificação de fatores internos e também externos, que são forças motrizes do processo de empobrecimento e geração de crescente desigualdade, tais como o sistema de propriedade, controle e gestão privados dos bens e recursos produtivos, a apropriação privada e a "mercantilização" de bens comuns, o uso e o abuso privado dos fundos públicos, o sobreendividamento financeiro e a usura, uma política econômica que prioriza as dívidas financeiras sobre as dívidas social e ecológica, a concentração do dinheiro e a especulação em detrimento do investimento produtivo e de suficiente poder de compra para todos, as relações desiguais de comércio, as estruturas fiscal e tributária favoráveis aos detentores de capital e de riqueza e onerosas para a maioria trabalhadora e outras.

Esses empresários percebem, então, que a mudança exigida da empresa vai muito além de doações e investimentos sociais. Essas medidas são importantes e propiciam um início de transição para uma ordem social justa e digna, mas são insuficientes. Trata-se de mudar o próprio *ethos*, o comportamento e a lógica da empresa e dos empresários, redefinindo os objetivos, a natureza e o papel da empresa na sociedade.

A trajetória vai do objetivo do máximo lucro ao do máximo bem-viver individual e coletivo; da ambição do crescimento ilimitado à busca do suficiente e do investimento em qualidade de vida e de meio ambiente; das relações empresariais competitivas e predadoras a relações cooperativas e solidárias;[9] da prática da concentração do capital e do dinheiro à lógica da democratização do capital e da circulação contínua do dinheiro para que ele oxigene as atividades econômicas gerando crescente satisfação das necessidades e sempre melhor viver para todos; do Estado canalizador de recursos gerados socialmente para grupos de interesse privados e corporativos ao Estado democratizado, regulador e orquestrador da diversidade social e facilitador do "empoderamento" da maioria trabalhadora para o autodesenvolvimento; da concentração do saber e do poder à educação permanente de todos e para todos, apoiando o "empoderamento" para o exercício da co-responsabilidade na autogestão solidária.

Uma empresa agroquímica de São Paulo, a Fersol (Haradom, 2003), começou investindo recursos e tempo no próprio quadro de funcionários, em momento delicado de alta taxa de endividamento. Para diversos executivos, a decisão parecia louca, irracional. Melhoras na remuneração, criação de formas indiretas de remuneração complementar, tempo para estudo dentro da jornada de trabalho, estímulo à cooperação para substituir a competição no ambiente de trabalho. Em poucos anos, com as finanças saneadas pelo esforço e o sacrifício proporcionalmente compartilhado, a empresa lançou-se em atividades com as famílias dos trabalhadores que constituem a comunidade em torno da fábrica, abrindo a escola da fábrica para a comunidade, criando atividades para a juventude e iniciativas educativas extracurriculares, promovendo procedimentos ecológicos individuais, comunitários e empresariais. Noutra etapa, adotou uma dupla política de participação nos lucros e de democratização do controle acionário da empresa, cedendo ações aos empregados com mais de dois anos de casa, que hoje já controlam 20% do ativo da empresa. Finalmente, a empresa passou a investir na mudança das próprias linhas de produtos, para adequar-se a um projeto agroecológico de produção. Além de tudo isso, seus empresários atuam no espaço político por uma ordem social propícia ao pleno exercício dos direitos individuais e cidadãos e pela construção de uma economia cooperativa e solidária.

Este exemplo indica que a RSC tem a ver com o desafio de inaugurar uma atitude social, ambiental e TAMBÉM POLITICAMENTE responsável pelo levantamento de todas as relações que a empresa mantém com pessoas e coletividades humanas, e com o entorno: trabalhadores, consumidores, fornecedores, o conjunto da cadeia produtiva, a comunidade, a Nação, os ecossistemas, os bens comuns da humanidade, os fundos e os gestores públicos. A perspectiva deste diagnóstico é pautada pelo objetivo de a empresa colaborar com a plena realização dos direitos individuais e sociais de cada ator ou grupo de atores. Se ela alinhar com este objetivo as suas atividades, comportamentos e modos de operar e de relacionar-se, se ela enlaçar-se com redes de colaboração solidária na construção ativa de uma economia cooperativa e co-responsável, estará contribuindo para a emergência de um sistema centrado no trabalho emancipado, no saber e na criatividade humanos, capaz de gerar relações sustentáveis de bem-viver, sociabilidade e paz, três fontes da verdadeira felicidade.

NOTAS

1. Ver casos Enron e Arthur Andersen (manipulações contábeis, http://www.opensecrets. org, 21/1/2002) e Halliburton (apoio logístico na guerra do Iraque, <http://www. socialistappeal.org/usa/halliburton_scandal.html>, nos EUA; Vivendi Universal, (pagamentos milionários para executivos, Nouvel Observateur, 10/7/2003), na França; Operação Catuaba (rede de empresas que praticam milionárias sonegações fiscais, <http://www.elo.com.br>, 12/11/2004), Banco Marka e FonteCindam (uso de informação privilegiada provoca perda de bilhões de fundo público, CartaCapital, 9/5/2001, Folha de S. Paulo, 20/5/2001).

2. O Balanço Social e Ambiental das empresas, promovido nos anos recentes pelo Ibase (Rio de Janeiro), é um bom exemplo de abordagem abrangente à RSC. Ver como ilustração o Balanço Social da Petrobras 2003.

3. Diversos estudos evidenciam esta afirmação, como Fattorelli Carneiro (2003), Gonçalves (2003), Munhoz (2003) e Arruda (2004).

4. Ver Auditoria Cidadã da Dívida (2003) e Arruda (2004, Tabela 7).

5. É o caso do setor de telecomunicações, privatizado durante o segundo mandato de FHC (Benjamin, 2004).

6. A política de privatizações ganha seqüência no projeto de parcerias público-privadas (PPP), novo mecanismo de colocação dos recursos públicos a serviço do grande capital privado, inclusive transnacional (Lins, 2004 e Juruá, 2004).

7. Área de Livre Comércio da América do Norte, ou Nafta, em inglês.

8. Um belo exemplo de avanço na prática da RSC é a Petrobras, que tem revelado uma consciência sempre mais profunda da sua responsabilidade social e ambiental (ver Balanço Social, vários anos, e Plano Estratégico 2004-2015).

9. Estas são encontradas nas redes de colaboração solidária. Um bom roteiro para elas encontra-se em Mance, 2004, 218ss.

REFERÊNCIAS BIBLIOGRÁFICAS

ARRUDA, Marcos. *Dívidas, comércio e política social: caminhos para superar as desigualdades.* Rio de Janeiro: Campanha Jubileu Sul (monografia), 2004.

_____. *Eu sou você amanhã: reflexos da crise argentina.* Monitor Mercantil. Rio de Janeiro, 2001. <http://www.forumsocialmundial.org.br>

_____. *The challenge of poverty eradication: working document on the occasion of the Bretton Woods 50th Anniversary.* Documento do Grupo de Trabalho Internacional de Organizações Não-Governamentais sobre o Banco Mundial. Genebra, 1994.

_____. *As perspectivas do governo Lula e as armadilhas montadas por FHC.* In: *Auditoria Cidadã da Dívida*, Boletim nº 5. Belo Horizonte: 2003. <http://www.jubileubrasil.org.br/dividas/auditoria/auditoria.doc>.

ARRUDA, Marcos; BOFF, Leonardo. *Globalização: desafios socioeconômicos, éticos e educativos.* Petrópolis: Vozes, 2003.

ARRUDA, Marcos; QUARESMA, Pedro. *O governo Lula e o acordo Brasil-FMI: existem alternativas!*, livreto 2 da série Globalização e Solidariedade. Rio de Janeiro: GTPME-Rede Brasil e Pacs, 2003.

FATTORELLI CARNEIRO, Maria Lúcia. *Auditoria externa: questão de soberania. (Apresentação)* Rio de Janeiro: Contraponto, 2003.

GUIMARÃES, Reinaldo. Auditoria e dívida externa : lições da Era Vargas, In: *Auditoria externa: questão de soberania.* Rio de Janeiro: Contraponto, 2003.

HARADOM, Michael. *Experiências empresariais de combate à fome e promoção da cidadania.* Rio de Janeiro: Cives (monografia), 2003.

JURUÁ, Ceci. *PPP – Os contratos de Parceria Público-Privada.* Rio de Janeiro: 2004. <http://www.lpp-uerj.net/outrobrasil>

LINS, Renata. Parcerias Público-Privadas – Socializando perdas e privatizando ganhos. In: *Massa Crítica n.11*, Pacs. Rio de Janeiro: Pacs, 2004.

MANCE, Euclides André. *Fome Zero e Economia Solidária: o desenvolvimento sustentável e a transformação estrutural do Brasil.* Paraná: Ifil e Gráfica Popular, 2004.

MUNHOZ, Dércio Garcia. *Investimentos diretos: o novo refúgio dos capitais especulativos.* In: *Auditoria externa: questão de soberania.* Rio de Janeiro: Contraponto, 2003.

Responsabilidade social corporativa, direitos humanos e projeto de nação

Nisia Duarte Werneck

> *"Se quero chegar a um lugar que não conheço,
> devo tomar um caminho que também não conheço."*
> *São João da Cruz*

> *"Caminhante não há caminho. O caminho se faz ao caminhar."*
> *Antônio Machado*

EU PODERIA CHAMAR ESTE ARTIGO DE "REFLEXÕES DE QUEM ESTÁ NA CHUVA. E TEM se molhado". Desde que comecei a trabalhar como consultora de algumas empresas, nessa área nova e ainda difusa da Responsabilidade Social Corporativa (RSC), tenho buscado entender e aprender ao mesmo tempo em que faço e vejo fazer. Nunca em minha vida profissional, que já não é curta, vivi situações que me lembram tão concretamente os dois espanhóis, filósofos do caminhar, citados na epígrafe. É fazer um caminho novo a cada dia. É caminhar na incerteza, o que exige coragem e bom senso. E é isso que tenho visto.

Nas empresas que têm maior preocupação com o assunto, e que se ocupam seriamente dele, pessoas com coragem e disposição buscam não apenas soluções, mas critérios e parâmetros que orientem sua atuação em campos inteiramente novos, e revêem suas práticas com entusiasmo e comprometimento.

Por isso, depois de me alimentar das análises feitas na primeira parte do texto de André Urani e Mônica de Roure, que mostram com tanta clareza os desafios frente aos quais nos encontramos, deparei-me com a pergunta: "se a RSC é um conceito tão complexo e distante do universo original de atuação das empresas, por que se transforma em discurso tão atraente para o setor privado?"

A resposta ensaiada não me parece suficiente para dar conta da inovação que está acontecendo. Os resultados de pesquisas sobre o tema destacam a satisfação do dono, acionista ou dirigente como motivação principal do investimento social. Sem fazer confusão entre objetivo e resultado, o que se percebe é que há uma mudança que parte das pessoas responsáveis pela condução das empresas.

Aos poucos, vai ficando claro para todos que uma empresa não é um ser sobrenatural e nem natural. É obra de pessoas que, como nós, têm filhos, choram com suas perdas, se alegram com suas conquistas, se emocionam e buscam, também para si, um sentido nesta vida e neste mundo. E, sendo assim, as empresas podem ser transformadas e atualizadas, não apenas pelos movimentos do mercado, mas também pelo desejo daqueles que as constroem e as dirigem.

A empresa deixa de ser impessoal, uma "pessoa jurídica", para quem a lógica do lucro se sobrepõe a todos os outros valores do nosso tempo, aos critérios e às crenças pessoais daqueles que decidem e/ou colocam em prática as decisões. Ou seja, a empresa está mudando porque seus donos, acionistas e dirigentes estão mudando.

Fazendo uma concessão àqueles que certamente vão me considerar ingênua, posso até admitir que eles estão sendo mudados. Não vem ao caso. Na verdade, se não houver comprometimento e convicção dos donos, isto será, cedo ou tarde, percebido. O fato é que há uma humanização, não no sentido piegas do termo, mas tendo em vista a busca de compartilhamento e participação em um projeto de humanidade.

Só esse motivo pode explicar por que, mesmo sem contar ainda com um *business case* que demonstre o seu impacto positivo nos negócios, a RSC cresce e vira uma exigência de competitividade, estimulando uma nova demanda por parte da sociedade. Porque a verdade é que, pelo menos no caso brasileiro, ela não nasceu para responder a uma demanda da sociedade. As organizações que lideram este movimento e pautam suas práticas por novos valores é que têm criado a demanda pela sociedade, estimulando-a e "autorizando-a" a avaliar todas as empresas por esses conceitos.

Muitos usam este argumento para justificar a necessidade de a empresa estar atenta à sociedade e ao meio ambiente tendo como objetivo a sua própria sustentabilidade. Dessa forma, transformam objetivos externos da empresa, sua responsabilidade social, em interesse interno, empobrecendo o que pode ser o embrião de uma nova concepção da maneira de fazer negócios e participar da construção do mundo.

Uma teoria da RSC ainda está por ser construída. O que temos é uma nebulosa de conceitos, que se somam, se completam, se sobrepõem aqui e ali. Suas diferenças estão mais na ênfase do que no conteúdo e, de uma maneira geral, não definem o que é uma empresa socialmente responsável, mas descrevem estratégias e ações de organizações que têm se diferenciado neste campo.

Partindo do que tem motivado as empresas e do conjunto de ações e mudanças que são implementadas, parece razoável considerarmos que ser uma empresa socialmente responsável é inserir-se na história do mundo, assumindo os desafios do nosso tempo, do país e da comunidade em que se atua, o que significa compartilhar o presente e o projeto de futuro que se deseja construir.

No que diz respeito à esfera mundial, o horizonte ético que orienta essa inserção na História são os DIREITOS HUMANOS. Ao mostrar a originalidade da Declaração Universal dos Direitos Humanos de 1948 como projeto ético único na história da humanidade, Norberto Bobbio (1992, p. 30) nos chama a atenção para o fato de que:

> ...a afirmação dos direitos é, ao mesmo tempo, universal e positiva: universal no sentido de que os destinatários dos princípios nela contidos não são mais apenas os cidadãos deste ou daquele Estado, mas todos os homens; positiva no sentido de que põe em movimento um processo em cujo final os direitos do homem deverão ser não mais apenas proclamados ou apenas idealmente reconhecidos, porém efetivamente protegidos, até mesmo contra o próprio Estado que os tenha violado.

Este é o desafio que está posto para a sociedade, para os cidadãos, para as instituições (entre elas as empresas): como tornar cotidianos os DIREITOS HUMANOS

Do ponto de vista do Brasil, nosso projeto de futuro está sintetizado na Constituição Federal, nos artigos 1º, no qual explicitamos os fundamentos da República Federativa do Brasil, e 3º, no qual elencamos seus objetivos. Queremos ser uma "sociedade livre, justa e solidária", fundada "na soberania, na cidadania, na dignidade da pessoa humana e nos valores sociais do trabalho e da livre iniciativa". Queremos "garantir o desenvolvimento nacional", mas em um país onde tenhamos erradicado "a pobreza e a marginalidade" e reduzido "as desigualdades sociais e regionais". Ao transcrevermos, no artigo 5º, o texto da Declaração Universal dos Direitos do Homem, reafirmamos nosso compromisso e nossa inserção no projeto ético de nosso tempo e a condição de cada cidadão brasileiro como cidadão do mundo.

Da mesma forma que cabe a cada brasileiro e a cada estrangeiro que decida viver e trabalhar no Brasil honrar e cumprir a Constituição, também às empresas cabem os mesmos compromissos. Toda empresa – nacional, transnacional, multinacional e qualquer nova nomenclatura que venham a criar para designar formas de se organizarem – se compromete, ao decidir atuar no Brasil, com esses desafios. Sua atuação deve estar orientada pelo horizonte ético de nosso tempo, os DIREITOS HUMANOS e pelos compromissos que assumimos perante a nossa história: a construção de uma sociedade livre, justa e solidária.

Essas são as condições de legitimidade de sua operação, de sua maneira de ser, agir e interagir no seu espaço de atuação. Não se trata, nesse contexto, apenas de fazer um investimento social, mas de conceber uma empresa e um modo de fazer negócios e atuar no espaço público coerente com esses valores e desafios. Isso significa assumir uma postura política, ou seja, explicitar publicamente os critérios e conceitos com base nos quais a empresa enxerga a realidade e orienta suas ações. Da mesma forma como declara sua MISSÃO e sua VISÃO, referentes a seus objetivos internos, ela deve comunicar à sociedade sua declaração de VALORES e a sua POSTURA POLÍTICA, declarar seus interesses e como vai defendê-los e negociá-los socialmente frente aos demais interesses existentes, respeitando o projeto de futuro com o qual se comprometeu.

O problema da pergunta e da resposta oferecidos no texto de André Urani e Mônica de Roure é, no meu modo de ver, que elas partem da mesma lógica de benefícios privados, de argumentos fundamentados nos objetivos internos da empresa (lucros, marca, gerenciamento de risco etc.). Não que esses benefícios não existam, mas acredito que já não são os únicos.

As perguntas que têm inquietado as empresas, aqui e lá fora, são agora de outra natureza. Já não se pergunta se a empresa é ou não responsável, nem por que é ou deve ser. Conforme escreveu Josep M. Lozano:

> ...Agora a questão é: responsável perante quem? Responsável por quê? E também: como se concretiza esta responsabilidade? Quem tem o direito de exigi-la? ...A responsabilidade da empresa tem múltiplas dimensões que são resultado às vezes de um desafio e às vezes de uma demanda: Qual é a contribuição da empresa à sociedade? Porque a empresa é ao mesmo tempo um ator econômico e um ator social. E tem que reconstruir continuamente seu lugar na sociedade, de maneira que sua atuação econômica não se veja transbordada por exigências que não lhe correspondem, mas também de maneira que nunca ignore que não existe atuação econômica que não tenha também uma dimensão social.[1]

É por meio da resposta a essas questões que a empresa se recoloca frente ao novo CONTRATO SOCIAL, não aquele de constituição da empresa, mas o da sociedade, que Inez Gonzalez Bombal (1998) assim definiu:

> Contrato Social é o acordo sobre regras e normas que nos indica de onde uma sociedade julga o que está bem ou mal, o admissível e o inadmissível, o justo e o injusto. O Contrato Social é como o *a priori* da cultura política de uma época, o sentido comum da gente comum que se sente parte de algo comum.

Entre os campos de atuação propostos para o setor privado, apresentados no texto de André Urani e Mônica de Roure, e as dificuldades e desafios que devem ser vencidos, alguns aspectos nos chamam especial atenção, porque reforçam o papel que defendemos do projeto de nação como agente para a estruturação da Responsabilidade Social Corporativa:

a) Investimentos nos mais desfavorecidos: Fica claro, pela análise dos autores, que se esta atuação não se ancora na inserção histórica e no efetivo compromisso com o projeto de nação; corre o risco de resvalar na pura demagogia ou na ingenuidade de querer, sendo uma empresa, se comprometer com uma agenda e com um volume de desafios próprios do poder público. E chama a nossa atenção também para a dificuldade de alianças com o TERCEIRO SETOR. Uma das condições para que se estabeleça uma aliança dessa natureza é a existência de objetivos comuns, que se situam fora tanto da empresa quanto da

ONG. E aí o projeto de nação desempenha um fator importante, constituindo-se neste objetivo externo que permite a combinação entendida como aquele conjunto de metas com as quais podemos nos comprometer coletivamente porque as colocamos acima de nossas diferenças, sem negá-las, sem abrir mão da identidade de cada organização.

b) Produção e disseminação de bens e serviços públicos: Aqui, mais uma vez, é o projeto de nação que pode ajudar a enfrentar o problema da necessidade de levar à escala as soluções desenvolvidas. Por querermos uma sociedade livre, justa e solidária, o bem público, para merecer esse nome, tem de ser de igual qualidade para todos, senão ele estará criando diferenças e injustiças. Garantir a todos o acesso aos bens públicos de mesma qualidade é condição de justiça social e só é possível se ampliarmos sua produção e estruturarmos sua distribuição pela lógica da eqüidade. Por isso, Bernardo Toro define o público como "aquilo que convém a todos, da mesma maneira, para a dignidade de todos". Se para concretizar isso precisamos priorizar os esforços, dirigindo-os àqueles historicamente esquecidos, é outra discussão.

c) Diagnóstico, avaliação e monitoramento das políticas públicas: O setor não-governamental – empresas e ONGs – representa uma oportunidade de criação de novas alternativas de enfrentamento dos problemas públicos, por sua própria natureza. Como nos chama a atenção Bernardo Toro, enquanto o Estado só pode fazer aquilo que está autorizado, o setor não-governamental pode fazer tudo que não está proibido, gozando, portanto, de maior liberdade de atuação. Pode focar suas ações sem ter de enfrentar penosas discussões sobre seus critérios, incorporar parceiros e fazer alianças sem se preocupar em formalizações burocráticas e consumidoras de recursos. Mas a incorporação destas alternativas como soluções que possam ser levadas à escala pelo poder público não se restringe, como tem sido mencionado com freqüência pelas empresas, a influir nas políticas públicas, como se tratasse de uma simples transferência destas práticas. A visão processual das políticas públicas permite identificar com elas outras formas de interação que podem ser, às vezes, mais eficazes e necessárias. Para Inez Bombal e Candelária Garay, a influência pode se dar na formulação do problema público, na incorporação deste problema na agenda da sociedade e do governo, na formulação da política pública, na sua implementação e no seu monitoramento, avaliação e controle. Assim, o setor privado e as ONGs participam não apenas influindo, mas fortalecendo e garantindo eficácia.

Este campo também pode ser muito fortalecido por alianças entre empresas, e destas com ONGs e até mesmo setores do Estado, como no caso dos conselhos e da participação democrática nas escolas públicas.

Neste caso, como nos campos de atuação anteriormente citados, o setor privado e as ONGs têm de aprender a estabelecer alianças e o poder público, a formular políticas públicas que deixem "esperas" nas quais as empresas possam se ver e encaixar suas ações, como nas edificações em que ficam os ferros esperando outras vigas e pilares que formam a estrutura.

As alianças começam a surgir em razão de temas específicos e as experiências mais significativas têm ocorrido no campo da EDUCAÇÃO. Um exemplo é a Aliança com o Adolescente pelo Desenvolvimento Sustentável no Nordeste, programa concebido e implementado pela Fundação Odebrecht, pelo Instituto Ayrton Senna, pela Fundação Kellogg e pelo Banco Nacional de Desenvolvimento Econômico e Social (BNDES), e que conta ainda com a participação de diversas outras ONGs dos locais onde se desenvolve.

Na América Latina, aparecem as alianças de EMPRESÁRIOS PELA EDUCAÇÃO. Na Guatemala, eles têm como propósito entender a situação da educação e identificar suas prioridades, para apoiá-las e, assim, impulsionar a reforma educativa no país. Na Colômbia, seu objetivo é canalizar e articular os aportes do empresariado para alcançar um impacto decisivo nas condições de eqüidade econômica, social e política dos colombianos, mediante um incremento do acesso e qualidade da educação básica para as populações em situação de maior desvantagem. Nos dois casos, há um claro propósito de articulação orientando sua ação.

Daí nasce uma das distinções entre a filantropia tradicional e a nova filantropia empresarial, ou a FILANTROPIA ESTRATÉGICA, ou o investimento social privado (de novo, a mesma nebulosa de termos, que vão se somando e conformando um novo terreno e uma nova maneira de decidir e de agir). Enquanto a filantropia à moda antiga contribuía para completar o contrato social, minimizando os seus "efeitos colaterais", o novo investimento social privado contribui para criar as condições para um novo contrato social que torne possível o desenvolvimento com justiça e eqüidade.

NOTA

1. Lozano (2004). Lozano é diretor do Instituto Persona, Empresa y Sociedad (Ipes) de Esade.

REFERÊNCIAS BIBLIOGRÁFICAS

BOBBIO, N. *A era dos direitos*. Trad. Carlos Nelson Coutinho. Rio de Janeiro: Campus, 1992.

BOMBAL, I. G. *Hacia un nuevo contrato social para el siglo XXI*. Documento de base do IV Encuentro Ibero Americano del Tercer Sector. Buenos Aires, 1998.

BOMBAL, I. G.; GARAY, C. *Incidencia en políticas públicas y construcción de la ciudadanía*. <http://www.icd.org.uy/mercosur/informes/encuentro/gonzalez1.html>

LOZANO, J. M. *Empresa rentable o empresa responsable*. Empresa y Sociedad (Ipes) de Esade. *In & Out*, boletim *on-line* da Esade, set. 2004, <http://www.esade.edu>

TORO, B. *El proyecto de nación y la formación de los educadores en servicio*. Bogotá: Fundación Social. Programa de Comunicación Social, 1996.

As pessoas, a empresa e a sociedade

Isabella Rosado Nunes

EM OUTUBRO DE 1999, RECEBEMOS, NA FEDERAÇÃO DAS INDÚSTRIAS DO ESTADO do Rio de Janeiro (Firjan), uma proposta da Fundação Avina, criada pelo empresário suíço Stephen Schmidtheiny, para implementar o Núcleo de Responsabilidade Social Empresarial ou de Cidadania Empresarial, que teria como objetivo principal disseminar conceitos e práticas que pudessem estabelecer uma série de ações sociais capazes de colaborar para o desenvolvimento social do Brasil. A proposta era resultado do Programa Ação Empresarial pela Cidadania, criado por cinco brasileiros visionários e empreendedores com a Fundação Kellogg que, por sua vez, se encarregava de incentivar o debate em diversos países da América Latina. Esse foi um dos fatos que marcaram, no final década de 1990, a expansão de um movimento de Responsabilidade Social Empresarial no Brasil, época em que se podem destacar, também, importantes acontecimentos como a criação do Grupo de Institutos, Fundações e Empresas (Gife) e do Instituto Ethos, a divulgação da pesquisa Ação Social das Empresas, do Ipea, e o convite feito pelo sociólogo Betinho para que as empresas participassem mais das discussões sobre questões sociais, além do lançamento do Balanço Social do Ibase.

No Estado do Rio de Janeiro, podemos registrar alguns indicativos de que esse movimento vem crescendo entre as empresas locais, região e público-alvo do trabalho desenvolvido pela Firjan. Um Estado que reflete a desigualdade do País e carrega em sua capital extremos de riqueza e pobreza e um histórico de políticas sociais descontinuadas, como mostram este livro e diversas pesquisas publicadas pelo IBGE, Fundação Getulio Vargas (FGV) e Iets.

Em 2000, o Sistema Firjan já havia passado por um processo de reestruturação, graças à conscientização do presidente Eduardo Eugênio Gouvea Vieira e de empresários que tinham assumido a direção da instituição alguns anos antes. Eles entendiam que poderiam agregar à sua função diretrizes que significassem uma visão mais ampla do papel das indústrias na sociedade. O grande desafio era concretizar uma visão que pudesse ir além dos objetivos particulares de cada empresa, construir uma pauta de discussões e busca de soluções coletivas, que viabilizassem o desenvolvimento do estado como um todo.

Em julho daquele ano, o Sistema Firjan implementou, com a força de quarenta organizações importantes do estado, o Conselho Empresarial de Responsabilidade Social, liderado pelo empresário Luiz Chor, com a missão de "conscientizar, motivar, facilitar e orientar as empresas para a prática continuada e crescente de Responsabilidade Social (RS), considerando-a uma estratégia de crescimento e longevidade, de apoio ao desenvolvimento integral do estado do Rio de Janeiro e de contribuição às políticas públicas do País". Nascia ali uma rede fluminense de empresas capazes de discutir e implementar ações voltadas para o "social"; rede esta ampliada, nos dois anos seguintes, com a criação de oito Núcleos Regionais de Responsabilidade Social, localizados nas Representações Regionais da Firjan.

Em 2002, o Sistema Firjan divulgou dois importantes trabalhos:

1. A pesquisa "Iniciativa Privada e Responsabilidade Social", realizada em parceria com a Fundação Avina, que analisou tanto o nível de conhecimento dos empresários sobre os conceitos de Responsabilidade Social, quanto os programas desenvolvidos por indústrias de pequeno, médio e grande portes do Estado do Rio de Janeiro para seus funcionários, a comunidade e o meio ambiente. Responderam à pesquisa 577 indústrias, o que representou uma amostra de 14% do cadastro industrial da instituição.

2. O documento "Desigualdade Social: a Visão Empresarial", com a assessoria do Iets, elaborado após dez encontros do Conselho Empresarial de Responsabilidade Social com os economistas Ricardo Henriques e André Urani. O documento destaca a questão da desigualdade no Brasil (dimensões, causas e conseqüências); faz uma leitura crítica sobre os gastos públicos e o seu foco no combate à pobreza, além das reformas microeconômicas necessárias; e propõe o redirecionamento dos gastos públicos, iniciativas para a redução da desigualdade, o redesenho de programas assistenciais e o estabelecimento de metas sociais. Muitas dessas questões são também abordadas pelos autores Mônica de Roure e André Urani neste livro.

Com base nos resultados da pesquisa "Iniciativa Privada e Responsabilidade Social" e no reconhecimento de que as empresas são "universidades da prática" – locais onde não só aplicamos permanentemente nossos conhecimentos, como aprendemos com os resultados práticos de cada ação –, além de serem centros eficazes de formação de pessoas, iniciamos um trabalho de informação e capacitação sobre toda a temática que envolve a Responsabilidade Social Empresarial. Somente nos últimos 18 meses, o Sistema Firjan realizou quase noventa encontros com empresários e executivos na capital e no interior. O esforço, nesses últimos quatro anos, justifica-se pela certeza de que há sempre um processo para a consolidação de um projeto.

No caso da Responsabilidade Social Empresarial, o processo começa pela conscientização dos dirigentes com relação à ética e aos direitos e deveres do cidadão. A segunda etapa é caracterizada pela capacidade que um cidadão consciente – no caso, o dirigente empresarial – tem de implementar uma gestão ética e responsável. E a terceira etapa, que não é a última, é a da implementação de uma gestão socialmente responsável por parte da empresa. Responsabilidade Social é um princípio pessoal que pode ser transformado em valores coletivos quando disseminado por meio da cultura de uma organização.

O documento "Desigualdade Social: a Visão Empresarial" marcou um momento importante na história da Responsabilidade Social Empresarial. Em uma atitude inédita, uma instituição de representação empresarial afirmava:

> A prioridade absoluta de um projeto de futuro para o Brasil deve ser o combate à desigualdade. Uma desigualdade como a nossa é excessiva para qualquer parâmetro de comparação histórica ou internacional e não se justifica por nenhum critério ético, ideológico ou teórico. Se chegou a ter alguma funcionalidade, no passado, para alavancar a acumulação de capital físico que era necessária para industrializar e urbanizar o País, ela hoje se tornou nociva para a qualidade de vida não apenas dos mais pobres, mas do conjunto da sociedade brasileira.

No documento, a Firjan destacava que, de forma isolada, nem Estado, nem setor privado, nem sociedade civil têm a capacidade de resolver os problemas que estão postos para a sociedade brasileira como um todo. A instituição defendia a atuação conjunta dos três setores – "um espaço público aberto e transparente" –, com definição clara de metas por meio de projetos objetivos associados a sistemas de avaliação permanente.

Em recente seminário no Rio de Janeiro, representantes de empresas e organizações sociais queriam saber se a Responsabilidade Social Empresarial havia avançado no Estado. Podemos afirmar que as empresas vêm buscando informações e instrumentos para esse fim e que já são inúmeros os exemplos positivos. Na questão relacionada ao investimento social privado, uma pesquisa divulgada pelo Ipea no início de dezembro de 2004 mostrou que houve crescimento, de 1999 a 2003, nas regiões Nordeste e Sudeste. O Estado do Rio de Janeiro registrou um aumento de 17% no período, sendo quase três vezes superior ao crescimento observado na Região Sudeste (6%). Segundo a coordenadora da pesquisa Anna Maria Peliano, a contribuição das microempresas determinou o aumento no envolvimento social nas regiões.

O trabalho exige uma visão e um planejamento de médio e longo prazos. "A Responsabilidade Social deve estar no DNA das empresas", dizem especialistas. O resultado não é imediato, não há modismos e o "valor agregado à imagem" é uma conseqüência da atitude da empresa com relação aos seus públicos de relacionamento. Há bons exemplos que a mídia tem se encarregado de apresentar e há outros que continuam desconhecidos de grande parte da população. Responsabilidade Social Empresarial não é um produto, mas uma forma de a empresa pensar e atuar.

Ceticismo e realidade

No mundo das "percepções" há espaço para tudo. O conceito de Responsabilidade Social Empresarial foi adotado, traduzido e é muito bem divulgado no Brasil pelo Instituto Ethos. A parceria do Ethos com organizações européias e norte-americanas, que criaram os conceitos com uma visão mais moderna, levou a uma série de opiniões conflitantes e resistências. Em alguns depoimentos que ouvimos, representantes de empresas alegavam que a instituição adotava um conceito de Primeiro Mundo, que não se adequava ao Brasil. Em um primeiro momento, o grande receio era de que houvesse cobranças extraordinárias para o empresário brasileiro, já sobrecarregado com obrigações legais, uma política tributária nada igual a dos países desenvolvidos e as exigências da globalização competitiva. Tudo isso relacionado, aliás, à necessidade de reformas, muito bem descritas neste livro.

"Abrir empresas, ser empreendedor, criar e manter empregos, pagar impostos altíssimos e, ainda por cima, inventam esta história de Responsabilidade Social Empresarial", afirmou, certa vez, um empresário. E complementou: "Você não tem noção do ônus que está criando para nós, empresários?". Por alguns instantes, nos sentimos porta-vozes do caos; era como se estivéssemos apresentando um cenário que poderia ser prejudicial às empresas. Mas não podíamos ignorar a observação daquele empresário: era a percepção dele e de outros tantos.

Depois de alguns comentários contra e a favor, decidimos expor algumas percepções dos consumidores, já registradas em pesquisas, depoimentos e matérias publicadas pela imprensa. Explicamos que o conceito havia sido elaborado por instituições sérias, que já era adotado por empresas multinacionais, que a sociedade – hoje muito mais informada e consciente – estava clamando por empresas responsáveis dos pontos de vista econômico, social e ambiental, e que estas questões começavam a influenciar o cidadão na decisão de compra de um produto. E, ainda, que a sociedade reconhece o importante papel do empresário na discussão de políticas públicas e na concretização do espaço público não governamental. Finalmente, na condição de cariocas da gema, dissemos que o Estado do Rio precisava ter um projeto de desenvolvimento que priorizasse a redução da desigualdade social, a melhoria dos indicadores de educação, saúde e renda, e que isso seria bom para todos nós.

A pesquisa "Iniciativa Privada e Responsabilidade Social", realizada pela Firjan e pela Avina, em 2002, nos apresentou opiniões ambíguas, assim como acontecia nas reuniões com representantes de empresas: eles tanto concordavam que deveriam participar ativamente em projetos de melhoria das condições de vida da comunidade quanto acreditavam que a RSE se esgotava nas obrigações trabalhistas, geração de empregos e oferta de produtos de qualidade. Cerca de 37,5% das empresas já desenvolviam alguma ação para a comunidade e 15,6% gostariam de iniciar um projeto. Na época, preocupava o resultado de que a maioria das ações era voltada para assistência social, mas era interessante o fato de a área de educação já ser uma das três prioritárias de investimento por parte do setor privado.

Um ponto nesta questão saltava aos olhos: as empresas não tinham a percepção clara do grau de eficácia social de suas ações. A assistência social, por meio da doação de materiais e dinheiro, não era acompanhada de prestação de contas. Raramente as empresas questionavam o propósito da ação e seus resultados. Isso demonstrava uma participação reativa e uma certa falta de comprometimento com a ação.

É certo que a capacidade de o setor privado investir em projetos para a comunidade e o meio ambiente, além de estar prevista em seu modelo de gestão, deve estar ligada à disponibilidade de recursos. Mas, empresas pequenas e médias têm mostrado que nem sempre são necessários recursos financeiros vultosos. Outros recursos têm sido valiosos e possíveis de serem aproveitados graças às parcerias que vêm surgindo entre o setor privado e organizações sociais. Entre eles, podemos destacar a aplicação de práticas da gestão empresarial em projetos sociais e, ainda, a atuação conjunta de empresas em um mesmo projeto. Vamos ver alguns exemplos a seguir, quando abordaremos a importância dos fundos de investimento social a partir de uma experiência recente da Firjan em parceria com a Fundação Interamericana.

Da teoria à prática: os desafios da desigualdade

Qualquer projeto de desenvolvimento exige o conhecimento e a aplicação de teorias, o planejamento de tempo, recursos e resultados, além da aposta em cenários econômicos e políticos. A gestão voltada para a Responsabilidade Social Empresarial não é diferente.

As áreas de abrangência da RSE podem ser divididas em muitas, mas inicialmente podemos partir de dois pontos: interno e externo, considerando-se todos os STAKEHOLDERS ou PÚBLICOS DE INTERESSE. A área interna é composta por programas em que as empresas têm poder total de decisão, tais como a política de recursos humanos, a exigência de cumprimento de códigos de ética e "cláusulas sociais" previstas em contrato por parte dos fornecedores e representantes e sua política ambiental. A área externa tem como prioridade a comunidade, seja a do entorno da sede ou fábrica da corporação, ou a que consome seus produtos; e o meio ambiente. O relacionamento com os públicos externos exige um exercício permanente de saber ouvir, entender e empreender projetos de interesse coletivo. Como definem Urani e Roure neste livro, trata-se de uma "agenda de governança ética do negócio".

Nos últimos anos, surgiram diversos instrumentos que orientam as empresas para uma gestão socialmente responsável. E isso tem colaborado bastante para a inclusão de novos valores na empresa e um cuidado planejado para com os públicos de interesse e o meio ambiente. Entre eles estão o Balanço Social do Ibase, os Indicadores Ethos, a SA 8000 (certificação criada pela Social Accountability, uma instituição norte-americana), a AA 1000 (norma criada pela organização inglesa Institute of Social and Ethical Accountability), o Global Reporting Initiative (modelo proposto pela européia GRI) e já há um projeto de Norma Técnica Brasileira (Associação Brasileira de Norma Técnica). É crescente o número de empresas que adotam estes instrumentos, por princípios éticos, por desejar confirmar sua posição de "empresa cidadã", por exigência de organizações que as contratam, porque isso traz diferencial à marca, entre outras motivações. O fato é que tais instrumentos propiciam um movimento de autoconhecimento da empresa, promovendo melhorias em sua gestão e facilitando seu relacionamento com a sociedade.

A atuação na "área externa" tem um perfil e uma dinâmica diferenciados quando a empresa está localizada em uma região muito pobre, de altas taxas de desemprego e baixas taxas de escolaridade, como é o caso de vários municípios do Estado do Rio e, especialmente, das favelas no município do Rio.

O investimento social privado – já muito bem definido pelo Gife como "um investimento consciente, voluntário e que exige o monitoramento para que as ações tragam ganhos para seu público-alvo" – é mais conhecido como PROJETO SOCIAL ou PROJETO COMUNITÁRIO. É quando a empresa entende que a comunidade pode ou deve ser um público prioritário na visão do negócio. A decisão reflete uma empresa de cultura madura, conhecedora de seu papel na sociedade como um todo.

A utilização dos recursos privados deve ser feita mediante os princípios do *marketing*. Essa afirmação nada tem a ver com "usar o projeto como produto de promoção da empresa". O investimento social privado deve ter público-alvo, metas, previsão orçamentária, indicadores de avaliação e resultados muito bem definidos. A diferença é que o "lucro" é social e não pode ser medido por retorno financeiro para a empresa. Um projeto de geração de renda traz retorno financeiro para seu público-alvo (a comunidade envolvida); um projeto de educação traz mais escolaridade; um de saúde, menos mortalidade infantil e incidência de câncer de mama em mulheres de baixa renda; um projeto de "idéias" traz mudança de comportamento e atitude.

E é aí que está uma questão sensível da Responsabilidade Social. Projetos sociais não fazem parte da visão tradicional de negócios da empresa. Nem ela, nem seus executivos detêm essa especialidade. O relacionamento com a comunidade é o "algo mais" essencial para a empresa. Devem-se buscar parceiros especialistas na área social: as organizações sociais – ONGs, OSCIPs, instituições comunitárias – e os governos. O investimento social privado é um complemento da atuação social de organizações e de governos, e não um substituto de programas públicos.

Recentemente, conversávamos com uma grande empresa multinacional que tem uma unidade no Rio e quer desenvolver um projeto comunitário em um bairro que possui cerca de 26 mil pessoas, das quais 10% não têm nenhum rendimento e 30% ganham até dois salários mínimos. A primeira pergunta que fizemos à empresa foi sobre a exigência de escolaridade mínima que a fábrica faz para que alguém se candidate a uma vaga. Já não é mais surpresa: a maioria das empresas, como esta multinacional, exige o segundo grau completo. Na região em que está localizada, menos de 15% concluíram o segundo grau, segundo dados do Censo IBGE/2000. Resultado: o projeto irá patrocinar a formação no ensino médio de mais pessoas residentes no seu entorno, a fim de que passem a ter acesso aos processos de seleção de pessoal. A empresa passa a interagir com a comunidade em programas que propiciam o desenvolvimento sustentável.

As parcerias entre empresas e ONGs têm sido ampliadas e já são perceptíveis os ganhos que cada um tem com o desenvolvimento dos projetos. As empresas aprendem a entender e a contribuir com as comunidades e as ONGs, a ter uma gestão seguindo um modelo empresarial mais objetivo, planejado e avaliado. Os projetos realizados em comunidades exigem o conhecimento do perfil econômico e social e do seu capital social, ou seja, das instituições que atuam na região e que são reconhecidas pela sua eficiência e credibilidade. Muitos já são os projetos que proporcionaram o acesso real a oportunidades de educação, saúde e renda, viabilizando a melhoria concreta da qualidade de vida das pessoas. E as empresas têm despertado para um ponto essencial, que é o monitoramento, a avaliação e a auditoria dos projetos.

Fundos de Investimento Social: multiplicação de parceiros e recursos

Há pouco mais de um ano, iniciamos na Firjan uma experiência inovadora com o Fundo de Subdoação para o Desenvolvimento Social, em parceria com a Fundação Interamericana, instituição ligada ao Congresso dos Estados Unidos. O objetivo era criar um ambiente propício à participação coletiva das empresas em projetos sociais que pudessem propiciar o aumento de escolaridade e a geração de renda, em continuidade às discussões em torno de questões regionais que já estávamos promovendo nos oito Núcleos Regionais de Responsabilidade Social, implementados nas Representações Regionais da Firjan.

O Fundo tem premissas importantes do investimento social privado: o desenvolvimento de parcerias, unindo o que empresas, organizações sociais e governos têm de melhor; a construção do espaço público com a participação de líderes da sociedade; a multiplicação de recursos; além do monitoramento, avaliação e auditoria permanentes.

André Urani e Mônica de Roure destacam que as empresas "atuam de forma fragmentada, devido à falta de diálogo e atuação conjunta" e que, na busca pela justiça social, "as empresas não deveriam atuar de forma isolada". A experiência do Fundo Firjan/IAF já demonstra que as empresas estão atentas e dispostas a modificar a realidade apontada neste livro. Em janeiro de 2005, havia 21 projetos em andamento, com recursos financeiros do Fundo e da iniciativa privada (sempre de pelo menos 50% do custo do projeto), que envolvem 21 empresas e 19 organizações sociais. Desses projetos, sete são no interior do estado e cinco têm a participação de mais de uma empresa:

➤ Em Petrópolis, o Colégio Cedi, a GE Celma e a Ápia Consultoria promovem Oficinas de Inclusão Digital para jovens;
➤ Em Duque de Caxias, 12 empresas – Ciferal, Turismo Três Amigos, Reduc-Petrobras, Forza, Sadia, Bayer, Resitec, Alfa Rio-Química, Polibrasil, Quiminfactor, Petroflex e Rio Polímeros – desenvolvem um projeto de capacitação em Educação Ambiental, oficinas de reaproveitamento recicláveis e implementação de um posto de coleta seletiva no bairro de Gramacho, onde funciona o lixão;
➤ No bairro do Caju, no Rio, a Libra Terminal Rio, a Embratel e o Centro Industrial do Rio de Janeiro (CIRJ) estão implementando uma Cooperativa de Costureiros para atender às empresas da região;
➤ Também no Caju, o Instituto Telemar, a Light e a Lachmann investem na implantação de um Curso Pré-Vestibular Comunitário;
➤ No bairro do Alto da Boa Vista, a Concremat Engenharia e Tecnologia S.A. e a Webb Negócios S.A. investem na criação de um centro comunitário e capacitação em informática para jovens.

O monitoramento e a auditoria são feitos pela Assessoria de Responsabilidade Social da Firjan e os projetos são coordenados por organizações sociais.

Do Programa Ação Empresarial pela Cidadania ao Núcleo de Articulação Nacional

O Programa Ação Empresarial pela Cidadania, iniciado no Programa Liderança em Filantropia nas Américas, da Fundação Kellogg, como citei na abertura deste texto, teve como um dos mentores o administrador de empresas Francisco Azevedo, hoje diretor do Instituto Telemig Celular. Aliás, é de sua autoria um dos melhores exemplos de investimento social privado no Brasil. O Instituto Telemig Celular investe recursos no Pró-Conselho, programa de fortalecimento do Estatuto da Criança e do Adolescente (ECA), por meio da criação e consolidação dos Conselhos Municipais dos Direitos da Criança e do Adolescente e dos Conselhos Tutelares no Estado de Minas Gerais, que tem 853 municípios. Este programa passou a ter abrangência nacional, a partir de junho de 2004, quando foi lançado o Pró-Conselho Brasil, em parceria com a Secretaria Especial de Direitos Humanos da Presidência da República e com o Conselho Nacional dos Direitos da Criança e Adolescente (Conanda). Resultados de um trabalho altamente profissional: faz valer uma lei – o ECA envolve representantes de governos, empresas e organizações sociais e mobiliza recursos para o Fundo da Infância e Adolescência – mediante a isenção do Imposto de Renda, um dos poucos benefícios fiscais para a área social no Brasil, tanto para empresas quanto para pessoas físicas.

A partir do Ação Empresarial pela Cidadania, constituiu-se, no ano passado, o Núcleo de Articulação Nacional (NAN), uma rede de núcleos ou organizações que atuam localmente em 11 estados brasileiros. Cada um tem o seu perfil de ação, mas o objetivo é o mesmo: a disseminação de conceitos e práticas de Responsabilidade Social. O NAN não é uma organização constituída legalmente, mas um movimento que faz circular informações e experiências práticas e cria o comprometimento de empresários para o bem comum, desenvolvimento econômico associado ao desenvolvimento social. O objetivo do NAN é criar em cada estado uma estrutura que, conhecendo a realidade, a cultura e o potencial de cada região, possa contribuir no estímulo e orientação às empresas que queiram ingressar neste forte e crescente movimento da Responsabilidade Social no País.

E, finalmente, mas não é só...

Em Responsabilidade Social Empresarial não há modelos ideais, porque existem situações bastante diversas. Mas há um princípio ideal, o de que a gestão para a RSE permite à empresa se relacionar, entender o que pensam e o que desejam as pessoas que formam os seus públicos de interesse, abrir mão de preconceitos e predefinições, aprender e fortalecer seu papel na visão do desenvolvimento sustentável. Responsabilidade Social não é uma onda passageira, mas sim uma nova forma de percepção da empresa e de sua inserção na sociedade. O exercício da RSE traz ao gestor da empresa uma sensação muito gratificante de se ver como partícipe da construção de uma sociedade que deve ser tão saudável quanto sua organização.

REFERÊNCIAS BIBLIOGRÁFICAS

AUSTIN, James E. *The collaboration challenge – How non profits and businesses succeed through strategic alliances.* Estados Unidos: The Drucker Foundation, Harvard Business School, 2000.

FALCONER, Andres Pablo; VILELA, Roberto. *Recursos privados para fins públicos – As grantmakers brasileiras* (Gife/Instituto Synergos). São Paulo: Fundação Peirópolis, 2001.

FISCHER, Rosa Maria. *O desafio da colaboração – Práticas de responsabilidade social entre empresas e o Terceiro Setor.* São Paulo: Gente, 2002.

GRAYSON, David; HODGES, Adrian. *Compromisso social e gestão empresarial.* São Paulo: Publifolha, 2002.

HOLLIDAY Jr., Charles O; SCHMIDHEINY, Stephan; WATTS, Philip. *Cumprindo o prometido – Casos de sucesso de desenvolvimento sustentável.* Rio de Janeiro: Campus, 2002.

LEIPZIGER, Deborah. *SA 8000 – O guia definitivo para a nova norma social.* Rio de Janeiro: Qualitymark, 2003.

MCINTOSH; LEIPZIGER; JONES and COLEMAN. *Corporate citizenship – Successful strategies for responsible companies.* Inglaterra: Financial Times Management, 1998.

Desigualdade Social: A visão empresarial. Rio de Janeiro, FIRJAN; IETS, 2002.

Iniciativa Privada e Responsabilidade Social. Rio de Janeiro: FIRJAN, 2002.

A política social brasileira

Ricardo Paes de Barros e Mirela de Carvalho

1 EM BUSCA DE MAIOR EFETIVIDADE

1.1 Introdução

Para o combate à pobreza no Brasil, o crescimento econômico, embora útil, não é indispensável. Apesar de todo crescimento balanceado reduzir a pobreza, com a disponibilidade atual de recursos no País, seria possível alcançar significativos resultados apenas com melhor redistribuição. Bastam pequenas reduções no grau de desigualdade para que se altere significativamente o presente quadro de pobreza.[1]

Apesar da comprovada efetividade no combate à pobreza, estratégias baseadas em reduções no grau de desigualdade não foram empregadas ao longo das últimas décadas. A incapacidade da sociedade brasileira em reduzir o alto grau de desigualdade e, portanto, a não utilização deste importantíssimo instrumento para o combate à pobreza pode, a princípio, resultar de duas hipóteses: a) da AUSÊNCIA DE UMA POLÍTICA SOCIAL NO PAÍS; ou b) da BAIXA EFETIVIDADE DA POLÍTICA EXISTENTE NO COMBATE À DESIGUALDADE.

O Brasil gasta anualmente com programas sociais, incluindo a Previdência Social, algo da ordem de R$ 200 bilhões. Portanto, dedica a gastos sociais uma proporção do PIB mais elevada do que a de todos os países latino-americanos, à exceção do Uruguai (Cepal, 2003). Com isso, não se pode qualificar o Brasil como um país sem uma política social e, portanto, a primeira hipótese não é verdadeira. Nossa incapacidade de reduzir a desigualdade não resulta de significativa restrições orçamentárias, mas está relacionada à baixa efetividade dos gastos realizados.

Neste artigo, buscamos mostrar que um aumento nos gastos sociais não é imprescindível para que a política social seja capaz de reduzir a pobreza significativamente. Embora recursos adicionais para o combate à pobreza sejam sempre bem-vindos, poderia se fazer muito mais com os recursos atuais, caso a efetividade da política social brasileira fosse elevada. Mas quais as razões para esta baixa efetividade?

Na Seção 1.2, analisaremos as principais deficiências e entraves que limitam a efetividade do gasto social brasileiro. Na Seção 1.3, apresentaremos um leque de propostas e recomendações gerais voltadas para alterar esse cenário.[2] Todavia, como um dos principais objetivos deste livro é discutir a contribuição social das empresas privadas, então, na seção final recapitularemos as principais dificuldades apresentadas e discutiremos, em linhas gerais, como o setor privado especificamente poderia contribuir para superá-las.

1.2 Deficiências que limitam a efetividade do gasto social

Ao se discutirem as razões para a baixa efetividade de nossa política social, é importante iniciar esclarecendo que, certamente, a dificuldade não está relacionada à amplitude do leque das políticas sociais existentes. Na realidade, podemos afirmar, com toda propriedade, que o Brasil é um país com uma das políticas sociais mais abrangentes e, em grande medida, modernas. Pode-se dizer também que nossa política social é altamente descentralizada e diversificada, embora seja óbvio que o grau de coordenação entre as diversas instâncias públicas entre si, e entre elas e as instâncias privadas, é ainda insuficiente.

Dois fatores se destacam para explicar por que uma política com todas estas qualidades e com um generoso orçamento consegue ser tão pouco efetiva no combate à desigualdade.

➤ O primeiro fator é o grau de focalização dessas intervenções. Para que uma política social de combate à pobreza seja efetiva, é preciso que ela atinja os verdadeiramente pobres, isto é, que seja bem focalizada.

➤ O segundo fator é a eficácia. Para que as intervenções sejam capazes de melhorar o bem-estar dos beneficiários, é necessário que a capacidade produtiva ou o grau de utilização desta capacidade seja expandido. Ou, ainda, é necessário que as intervenções garantam a satisfação de necessidades básicas dos beneficiários.

A seguir, analisaremos a focalização dos programas sociais brasileiros e identificaremos os principais fatores que poderiam ser responsabilizados pela baixa eficácia.

1.2.1 A má focalização dos programas sociais

Conforme mostram vários estudos, entre eles os de Barros e Foguel (2000) e de Von Amsberg (2000), a política social brasileira tem sistematicamente falhado em atingir os mais pobres. Em geral, grande parte dos programas sociais deixa de beneficiar os segmentos mais pobres da população em detrimento dos segmentos não-pobres, o que reduz obviamente a efetividade do combate à pobreza e à desigualdade.

As razões para esta má focalização são múltiplas e podem estar relacionadas tanto ao desenho do programa quanto à sua implementação.

1.2.1.1 Má focalização no desenho

O baixo grau de focalização pode resultar do desenho dos programas, que em vez de serem voltados para atingir a quem mais precisa, definem como público-alvo extratos menos pobres da população.

A política social brasileira possui vários exemplos desse tipo de falha de focalização. De uma maneira geral, os programas voltados para beneficiar os empregados com carteira são mal focalizados no desenho. Barros, Blanco e Telles (2001) mostram que o programa de Abono Salarial, por exemplo, conta com R$ 1 bilhão anual, porém somente cerca de 36% deste recurso atingem o segmento verdadeiramente pobre da população. Os que têm direito ao benefício são os trabalhadores que estiveram empregados com carteira assinada por um período mínimo de um mês no ano, recebendo remuneração entre um e dois salários mínimos. Muitos dos trabalhadores aí enquadrados são jovens em famílias não-pobres. Como grande parte dos pobres permanece fora do setor formal ou ainda sem qualquer ocupação, inúmeros trabalhadores extremamente pobres estão impedidos de acessar o benefício por não preencherem os requisitos de elegibilidade do programa, ao passo que muitos dos beneficiários provêm de famílias não-pobres.

Além disso, existe um viés "intergeracional" nas ações compensatórias, que faz com que a redução da pobreza seja muito mais acentuada entre os idosos do que entre outros grupos etários, principalmente as crianças. Estimativas com base na PNAD 2003 revelam que na ausência dos programas compensatórios, a pobreza entre os idosos seria maior do que entre as crianças, ao passo que na presença dos mesmos, o grau de pobreza entre as crianças acaba sendo mais de três vezes superior ao que se observa entre os idosos (ver Gráfico 1).

Gráfico 1 – Pobreza ao longo do ciclo de vida

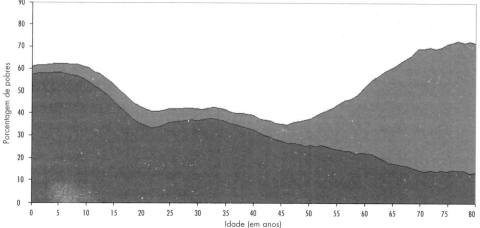

Fonte: Pesquisa Nacional por Amostra de Domicílios (PNAD) de 2003.

Enfim, a política recente de transferências de renda, ao fixar o valor do benefício do Bolsa-Família em R$ 15,00[3] mensais por criança e o valor do Benefício de Prestação Continuada ou Previdência Rural em um salário mínimo mensal por beneficiário, introduz um importante e discutível viés "intergeracional" na política social brasileira, levando-a a beneficiar prioritariamente a população idosa em detrimento da população infantil.

No caso específico dos programas sociais oferecidos pelo setor privado, a focalização é uma questão mais delicada. Para aumentar a efetividade do combate à pobreza no País, é desejável que esses recursos sejam canalizados para a população mais carente. Contudo, não existe, a princípio, nenhuma razão que impeça as empresas de direcionarem seus gastos para grupos menos carentes. Afinal, os recursos em questão são privados.

1.2.1.2 Má focalização espacial

O governo federal, ao distribuir entre os estados os recursos relativos aos vários programas sociais, na maioria das vezes não produz uma repartição proporcional à carência de cada um. Dessa forma, estados com menor grau de carência terminam por receber uma parcela de recursos muito superior à sua participação no total das carências nacionais. Nesse caso, mesmo que cada unidade da federação focalizasse perfeitamente na população mais pobre os recursos a que tem direito, haveria falhas na focalização em nível nacional.

Em uma análise do grau de focalização espacial dos principais programas sociais brasileiros, Barros, Carvalho, Franco e Simões de Carvalho (2003) observam que, dos 16 programas estudados,[4] em seis deles (37,5%) mais de 25% dos recursos federais deveriam ser redistribuídos entre as unidades da federação, para que a distribuição fosse proporcional ao nível de carência de cada um. Entretanto, em alguns programas mais recentes como o Bolsa-Escola e o Bolsa-Alimentação, ambos unificados para a formação do novo Bolsa-Família, o grau de focalização atingido é bastante elevado. No Bolsa-Escola, por exemplo, apenas 7,6% dos recursos federais necessitariam ser re-alocados para se atingir uma distribuição perfeitamente proporcional às carências de cada unidade da federação.

Os programas sociais oferecidos pelo setor privado, na medida em que estiverem concentrados nos estados de maior nível de desenvolvimento econômico e social no País, estarão igualmente contribuindo para a má focalização espacial do gasto social total e, portanto, diminuindo a efetividade do combate à pobreza e à desigualdade.

1.2.1.3 Seleção local dos beneficiários

Desvios na focalização podem ocorrer mesmo quando o desenho do programa é adequado e a repartição dos recursos federais é proporcional às carências das unidades da federação. Tipicamente, este tipo de má focalização ocorre quando não se pode contar com um cadastro fidedigno da população pobre. Esta é a maior dificuldade enfrentada pela nova geração de programas sociais de transferência de renda, como o Auxílio-Gás, o Bolsa-Escola, o Bolsa-Alimentação e, mais recentemente, o Bolsa-Família. Dificuldade esta que se vem tentando superar com a criação por parte do governo federal do Cadastro Único.

É importante frisar que o Cadastro Único deveria ser utilizado não só para escolher os beneficiários dos programas sociais federais, mas para escolher os beneficiários de toda política social. Caso o setor privado decida por privilegiar com seus recursos a população mais carente, então, deveria também utilizar este mecanismo único de seleção para encontrar seus beneficiários.

Os mecanismos para a seleção local dos beneficiários devem também estar mais atentos à busca por maior igualdade de oportunidades para a população que está apta a se beneficiar dos programas sociais. Muitos dos programas descentralizados estão atendendo a clientelas particulares, por vezes filiadas a alguma associação comunitária ou beneficiárias típicas de determinada ONG ou empresa. É muito comum encontrar pessoas pobres sem uma clara visão dos programas disponíveis a que têm acesso. Por vezes, famílias com igual grau de carência acabam tendo acesso completamente diferenciado a determinados programas, dependendo de seu capital social, principalmente em função das associações de que participam ou participaram e de sua experiência anterior com o programa. Assim, como existe um grande número de trabalhadores que já participou mais de cinco vezes do Plano Nacional de Formação Profissional (Planfor), por exemplo, muitos outros nunca tiveram acesso ao programa ou sequer sabem de sua existência.

Elevar a igualdade de oportunidades no acesso aos programas sociais requer divulgação muito mais ampla da oferta de serviços existente. Dada a complexidade da atual política social, em que coexistem variados programas, será necessário também unificar e simplificar a política social como um todo. Só assim esta poderá ser percebida e compreendida por todos os seus beneficiários potenciais. É também imprescindível a existência de um único local para o qual cada família carente possa se dirigir, a fim de obter conhecimento sobre todo o leque de programas sociais disponíveis em sua localidade.

1.2.2 A eficácia dos programas sociais

A baixa efetividade da política social não advém apenas da má focalização. Conforme vimos anteriormente, depende também de seu impacto sobre os beneficiários, seja expandindo a capacidade produtiva destes, ou garantindo oportunidades para que esta capacidade possa ser utilizada, ou, ainda, oferecendo a eles o acesso a uma série de serviços e bens básicos. Vários fatores podem estar limitando a eficácia dos programas sociais brasileiros. A seguir, discutiremos um conjunto deles.

1.2.2.1 A falta de informação sobre a eficácia dos programas

Uma das grandes questões atuais é que, a despeito da diversidade e amplitude da política social brasileira e de alguns esforços isolados de avaliação de impacto,[5] o

Brasil continua sem um sistema de avaliação de impacto dos seus programas e políticas sociais. Caso a eficácia relativa dos diversos programas fosse mapeada, seria possível concentrar os recursos disponíveis naqueles programas comprovadamente com maior impacto e, com isso, aumentar a efetividade da política social. Enfim, para tornar mais efetiva uma política social tão diversa como a nossa, é necessário um esforço permanente de avaliação, o qual permitirá a concentração de recursos em um espectro menor de programas de maior efetividade.

Além disso, cada programa apresenta algum grau interno de heterogeneidade, isto é, algumas características do benefício podem variar, da mesma forma que o perfil dos beneficiários. A avaliação de impacto, ao identificar como este varia de acordo com a natureza do benefício e do beneficiário, permite redesenhar programas e populações-alvo de maneira a otimizar a eficácia do programa. Tomemos o exemplo de um programa de treinamento profissional. Suponhamos que o impacto deste programa aumente muito pouco tendo-se por base um determinado limite para a duração dos cursos. Suponhamos também que seu impacto seja muito maior sobre jovens em grandes áreas do que em pequenas áreas urbanas. Dessa forma, seria mais efetivo, então, limitar a duração do treinamento e concentrá-lo, prioritariamente, nos jovens residentes em grandes centros urbanos. Ao mesmo tempo, se deveria investigar porque tal programa não tem grande impacto na outra população e identificar qual desenho alternativo poderia ser mais útil para atender às necessidades deste outro grupo.

O setor privado, com toda a sua cultura de orientação para resultados, poderia apoiar o setor público no desenvolvimento deste sistema de avaliação dos programas sociais, seja por meio da avaliação de seus próprios programas e compartilhamento de metodologias e resultados, seja financiando o desenvolvimento de novas técnicas e estratégias de avaliação e tornando-as públicas.

1.2.2.2 A necessidade de compartilhar experiências

Existe uma grande diversidade de programas sociais no Brasil. Muitas vezes programas similares recebem nomes tão distintos que nos custa perceber as similaridades existentes. A ausência de um cadastro nacional de políticas sociais executadas pelos governos federal, estadual e municipal ou pelo setor privado aumenta demasiadamente os custos da troca de experiências e da identificação de melhores práticas. A insuficiente documentação das políticas em vigor dificulta também a formulação e o desenho de outras novas. De fato, uma municipalidade que desejar iniciar, por exemplo, um programa de primeiro emprego, terá sérias dificuldades para identificar quais programas deste tipo encontram-se atualmente em funcionamento no País e quais resultados se têm obtido com eles.

Em suma, a política social brasileira é extremamente rica e variada, representando, assim, um excelente campo para a identificação de melhores práticas. O fato, entretanto, de toda esta experiência estar sendo levada a cabo de uma forma mal documentada e desarticulada faz com que muito do que se poderia aprender se perca. Dessa forma, é vital termos toda esta experiência registrada, documentada e estruturada, para que, assim, o desenho de futuras políticas ou o redesenho de antigas possa ser informado pelo conhecimento acumulado.

1.2.2.3 O atendimento não integrado

Em grande medida, a política social atual opera de forma desintegrada, sendo os beneficiários de cada programa selecionados de forma independente. As mães que recebem treinamento profissional para aumentar sua empregabilidade, por exemplo, não são necessariamente as que têm prioridade para colocar seus filhos em creches públicas. Aqueles que recebem seguro-desemprego não são necessariamente submetidos à intermediação de mão-de-obra.

Na medida em que um tipo de benefício (treinamento profissional) aumenta o impacto de um outro (acesso ao crédito), podemos acreditar que a integração aumenta a eficácia da política social. Integração não significa apenas conceder a um mesmo beneficiário acesso simultâneo a uma variedade de programas, mas também conceder a cada beneficiário acesso a um conjunto de benefícios que mais adequados estejam às suas necessidades específicas.

Portanto, para integrar as políticas sociais é necessário contar com equipes treinadas para desempenhar duas funções. De um lado, devem ser capazes de diagnosticar a pobreza de cada família pobre. De outro, precisam ser hábeis para identificar quais os programas mais adequados para uma dada família, além de garantir-lhe acesso. Vale explicitar que, para garantir às famílias acesso aos programas sociais locais, as equipes devem ter conhecimento sobre toda a oferta de serviços disponível na comunidade, além do poder para indicar os nomes de beneficiários preferenciais para programas públicos e privados,[6] Afinal, estas equipes terão conhecimento sobre as necessidades das famílias mais carentes.

1.2.2.4 Falta de coordenação entre programas sociais

Atualmente existe pouquíssima coordenação entre as políticas sociais dos três níveis de governo e também entre as instâncias públicas e privadas. Esta falta de coordenação gera sobreposições, ineficiências e má distribuição, isto é, casos nos quais áreas ou famílias são duplamente atendidas, ao passo que em outras nenhum atendimento encontra-se disponível.

Pode ser que tal sobreposição esteja também gerando incentivos contraditórios. Por exemplo, existe atualmente, no País, uma enorme variedade de programas para jovens, de modo que, numa mesma localidade, este grupo etário pode estar recebendo incentivos a voltar à escola ou a nela permanecer, ao mesmo tempo em que sofrem influência de programas que os incentiva a trabalhar.

Também como resultado da falta de integração, a qualidade do serviço recebido pelo beneficiário varia de acordo com o programa a que tem acesso ser federal, estadual, municipal ou privado.

Além disso, no caso dos programas públicos, estes tendem a possuir administrações independentes e sua sobreposição eleva os custos administrativos e limita as possibilidades de compartilhamento de experiências e inovações.

1.2.2.5 Falta de flexibilidade de desenho

Os programas federais são, em geral, padronizados e aplicados da mesma forma nas diversas regiões do País, a despeito das enormes disparidades espaciais existentes, que se referem tanto à intensidade da pobreza, como à sua natureza e causas. Esta falta de adaptabilidade dos programas federais às condições locais pode reduzir significativamente a efetividade dos mesmos. É, portanto, fundamental flexibilizar o desenho dos programas federais.

Um potencial exemplo de como a falta de flexibilidade pode trazer ineficiências é dado pelo Bolsa-Escola. Este programa visava incrementar a freqüência das crianças à escola e, se possível, melhorar o rendimento escolar. Para atingir este fim, o programa se baseava numa transferência monetária condicionada a um grau mínimo de freqüência. O programa parte de um diagnóstico implícito de que o principal impedimento às crianças pobres de freqüentar a escola é o baixo poder aquisitivo dos pais. Embora este, seguramente, seja o caso nas regiões mais ricas do País e com boa infra-estrutura educacional, pode ocorrer que no interior do Nordeste, por exemplo, a má qualidade da escola ou a dificuldade de acesso a ela seja um fator mais importante. Se este for o caso, não seria justificável permitir que cada município decida alocar os recursos do Bolsa-Escola da maneira que julgar mais conveniente, seja privilegiando as famílias ou melhorando a escola?

1.2.2.6 Insuficiente participação comunitária

Quão adequados estão os programas sociais às necessidades locais constitui-se em um fator de extrema relevância para a garantia de eficácia. Neste tema, a participação da comunidade pode ser extremamente útil, pois quem melhor do que ela própria para conhecer as especificidades locais?

Ao longo dos últimos anos, a participação comunitária no desenho da política social vem sendo incentivada por dois caminhos. O primeiro deles consiste na criação de uma variedade de conselhos e comissões estaduais e municipais, os quais passam a ser responsáveis por uma série de decisões importantes, como a escolha dos beneficiários. O segundo caminho diz respeito a experiências municipais com a utilização de modelos de desenvolvimento local, como o antigo Programa Comunidade Ativa.

No entanto, apesar dos progressos, muito ainda precisa ser aprimorado para que a participação comunitária passe a ser um instrumento efetivo, capaz de garantir maior adequação aos programas.

1.2.2.7 A necessidade de colocar o setor privado a serviço de quem mais precisa

Aos beneficiários importa a qualidade dos serviços. Se todos os serviços pudessem ter a mesma qualidade, o fato de eles estarem sendo produzidos diretamente pelo setor público ou privado não diminui nem aumenta o bem-estar dos mais pobres. Muitas vezes, a produção do setor público pode ser mais ineficiente e pouco flexível no que diz respeito à necessidade de contratação e redução de pessoal, além de se deparar com a necessidade de investimentos para os quais não existe orçamento.

No entanto, alguns cuidados devem ser tomados. Se de um lado, no setor público, os custos tendem a ser maiores e a eficiência tende a ser menor, de outro, a produção do setor privado com ou sem fins lucrativos levanta a necessidade de regulamentação para a garantia de preços baixos e qualidade dos serviços prestados.

Note que não estamos aqui nos referindo à contribuição social das empresas privadas. Em vez disso, estamos discutindo como se poderia colocá-las, no desempenho de suas atividades-fim, a produzir também para a população mais carente.

1.3 Recomendações para um gasto social mais efetivo

Até então vimos uma breve apresentação dos principais fatores que têm limitado a efetividade da atual política social brasileira no combate à desigualdade e à pobreza. A seguir, buscamos esboçar cinco recomendações que, caso implantadas, poderiam levar a uma política social mais efetiva.

1.3.1 Melhorar o grau de focalização dos programas sociais

1.3.1.1 A opção pelo mais pobre

Priorizar os mais pobres requer a atenção em três níveis de focalização:

a) Rever os mecanismos de transferência de recursos da União para estados e municípios. Rever também os mecanismos que levam o setor privado a investir em determinadas localidades em detrimento de outras. É imprescindível que essas transferências sejam proporcionais aos graus locais de carência. Caso contrário, ainda que a focalização local seja perfeita, existirão pessoas excluídas nos estados e municípios mais pobres, cujas condições de pobreza são piores que as de muitas incluídas nos estados e municípios mais ricos.

b) Rever as regras que definem a população-alvo dos diversos programas sociais públicos e privados. Afinal, em vários casos, a própria regra de seleção dos beneficiários discrimina a população mais pobre.

c) Aprimorar o cadastramento das famílias pobres, iniciado com o Cadastro Único, e intensificar o seu uso na seleção de beneficiários dos programas sociais nos três níveis de governo e também no setor privado. Para esse processo, a disponibilidade de uma rede de Núcleos de Atendimento às Famílias (NAFs) pode mostrar-se de extremo valor, senão, essencial.

1.3.1.2 Reduzir o viés "intergeracional" da política social

É absolutamente urgente calibrar melhor o montante que se está transferindo para as crianças e para os idosos de tal forma que a pobreza ao longo do ciclo de vida possa estar mais equilibrada. Ou seja, é preciso redimensionar os gastos com os diferentes grupos etários para que o grau de pobreza entre crianças, adultos e idosos seja menos desigual.

1.3.1.3 Garantir a igualdade de oportunidades no acesso aos programas sociais

É comum encontrar famílias com igual grau de carência que acabam tendo acesso completamente diferenciado a determinados programas, dependendo de seu capital social.

Garantir maior igualdade de oportunidades no acesso aos programas sociais requer DIVULGAÇÃO muito mais ampla da oferta de serviços existente e também um processo único de seleção de beneficiários. É preciso garantir que todos os mais carentes estejam incluídos no Cadastro Único e é preciso fazer deste a porta de entrada de todos os programas sociais, sejam eles públicos ou privados.

1.3.2 Aprimorar a integração dos programas sociais com o objetivo de estimular a cooperação da população carente

Qualquer política social que se proponha a auxiliar as famílias pobres em todas as etapas rumo à superação da pobreza deve necessariamente ser capaz de transmitir de forma clara a seus beneficiários todas as oportunidades disponíveis. Isso ocorre porque a rota de saída da pobreza baseia-se necessariamente no binômio oportunidades-esforço. O esforço sem oportunidades é ineficaz; de igual modo, as oportunidades sem esforço são inúteis.

Após décadas de políticas sociais fragmentadas, que oferecem aos segmentos pobres um acesso limitado às verdadeiras oportunidades, não é tarefa fácil transmitir a esses segmentos a notícia de que, com a nova política social, todas as oportunidades de que necessitam estarão disponíveis. Para esta tarefa, a UNIFICAÇÃO e a INTEGRAÇÃO de toda a política social seriam instrumentos extremamente úteis. Quanto mais consolidada e integrada for a política social, mais fácil será a assimilação de seus objetivos pelas famílias. Em parte por este motivo, o governo mexicano criou a ESTRATÉGIA CONTIGO, que abriga, sob nome e administração únicos, praticamente todos os programas sociais do país.

É também imprescindível a existência de um ÚNICO LOCAL para o qual cada família carente possa se dirigir, a fim de obter conhecimento sobre todo o leque de programas sociais disponíveis em sua localidade, tarefa esta que poderia ser desempenhada pelos NAFs.

1.3.3 Buscar maior personalização e adaptabilidade dos programas sociais às condições locais – soluções locais para um problema global

A pobreza é um problema universal que afeta com intensidade distinta todas as regiões do País e do planeta. A solução, entretanto, é necessariamente local. Assim, um dos grandes desafios para o governo federal é o de desenhar a sua política social de uma forma flexível o suficiente para acomodar as especificidades locais.

Para atingir tal finalidade, a política social federal terá de basear-se num alto grau de DESCENTRALIZAÇÃO que envolva não apenas a execução local, mas também a decisão local sobre alguns parâmetros importantes dos programas. Por exemplo, as comunidades deveriam ter algum poder para decidir se os recursos do Bolsa-Família deveriam ir, em sua jurisdição, integralmente às famílias ou se ao menos parte deveria ir às escolas, postos de saúde ou outras instituições.

Dois instrumentos indispensáveis à operacionalização desses princípios são a elaboração de planos locais de desenvolvimento similares às estratégias de Desenvolvimento Local Integrado e Sustentável (DLIS) e a implantação de um sistema nacional de NAFs.

Com os NAFs, será possível garantir um atendimento personalizado às famílias pobres, o que vem a aumentar a efetividade dos gastos sociais, quer adaptando melhor os programas às necessidades das famílias, quer explorando sinergias entre as ações.

Se os NAFs permitem uma atenção personalizada às famílias, o DLIS representa um tratamento personalizado para as comunidades. Com o DLIS, estas poderão avaliar as suas necessidades e priorizá-las de tal maneira que, em negociação com o governo federal, será, então, possível garantir maior adequação entre os gastos federais no município e as reais carências e prioridades locais. O DLIS trabalhará também em sintonia com os NAFs locais, aprendendo com eles sobre as demandas sociais daquele espaço e sobre a escassez ou precariedade dos serviços ali disponíveis.

1.3.4 Mais informações sobre programas sociais para melhores decisões

1.3.4.1 Construção e desenvolvimento de um sistema de avaliação de programas sociais

Todos os programas sociais deveriam obrigatoriamente gastar uma dada porcentagem de seu orçamento com a própria avaliação. Esta deveria ser conduzida por uma equipe independente dos gestores, utilizando preferencialmente metodologia certificada por um Comitê Técnico integrado ao sistema nacional de avaliação dos programas sociais.

Os resultados das avaliações deveriam ser tornados públicos e os dados levantados, ser disponibilizados para todos que desejarem produzir avaliações alternativas. Afinal, não existem avaliações definitivas. É do debate público que emana o convencimento da sociedade sobre a qualidade do programa.

1.3.4.2 Difusão de experiências bem-sucedidas – Cadastro das experiências

Talvez um dos grandes impedimentos para a existência de um cadastro de todos os programas sociais não seja tanto a falta de iniciativa para conceber o sistema, mas a resistência dos responsáveis pelos programas em alimentá-lo.

Dessa forma, é muito importante criar algum incentivo, como as certificações dos programas para que os responsáveis tenham algum interesse em alimentar o cadastro com informações sobre o seu programa, seja ele público ou privado.

1.3.5 Melhor coordenação entre os três níveis de governo e com o setor privado

1.3.5.1 Melhor coordenação entre programas federais, estaduais, municipais e privados

Vimos que é comum observar comunidades com acesso a mais de um programa do mesmo tipo, da mesma forma que outras encontram-se totalmente descobertas. Também programas do mesmo tipo oferecem incentivos e dão orientações contrárias aos beneficiários, o que torna a política social como um todo inconsistente. Por fim, observa-se que programas similares em seu objetivo diferem no que se refere à qualidade.

Portanto, é preciso detectar, por intermédio do cadastro dos programas sociais e outros meios, sobreposições, contradições e injustiças. Uma vez detectadas, devem-se desenvolver regras básicas para a redistribuição e a padronização dos benefícios.

1.3.5.2 Colocar a infra-estrutura social privada a serviço da população pobre

A princípio, não existe nenhuma inconsistência em que recursos públicos financiem serviços produzidos pelo setor privado. Afinal, o que importa é que pessoas que não poderiam pagar pelo serviço, caso contassem apenas com recursos próprios, estejam sendo beneficiadas. No entanto, colocar o setor privado a serviço da população mais carente requer avançar no desenvolvimento de mecanismos para a regulação de preços e qualidade do que é ofertado, e também nas estratégias de financiamento com recursos públicos de um serviço a ser executado pelo setor privado.

1.4 Considerações finais

Discutimos, em linhas gerais, algumas ações que o Estado brasileiro deveria realizar a fim de tornar o gasto social mais efetivo. Contudo, dado que o setor privado também vem despendendo recursos próprios com o social, desenvolvendo até mesmo programas específicos, buscamos, em paralelo, avaliar como a ação deste setor poderia vir a aumentar os esforços de combate à pobreza e à desigualdade.

No que se refere ao setor público, argumentamos que existem desafios importantes tanto do lado da demanda quanto da oferta de serviços sociais. É preciso avançar nos sistemas de identificação dos mais carentes e de adaptação das intervenções às suas necessidades. Os principais instrumentos para perseguir estes objetivos são três. O primeiro é o Cadastro Único, que precisa ser de melhor qualidade e mais amplamente utilizado por outras instâncias do governo e pelo setor privado. Os demais instrumentos são as estratégias de Desenvolvimento Local Sustentável – DLIS – e os apoios familiares – NAFs.

Do lado da oferta de serviços sociais, é preciso perseguir eficiência e eficácia, e para tanto, enumeramos quatro instrumentos imprescindíveis. Primeiro, o cadastro de todos os programas sociais públicos e privados, pois assim se poderá acumular conhecimento sobre as melhores práticas. Em segundo lugar, está a construção de um sistema de avaliação dos programas sociais, que permitirá concentrar recursos nas intervenções mais efetivas além de remodelar programas para aumentar seu impacto. Em terceiro, vem a coordenação entre os três níveis de governo e entre os setores público e privado, de forma a se evitarem ineficiências. O quarto e último instrumento também serve para aumentar a eficiência do gasto social por meio da colocação da infra-estrutura privada a serviço da população pobre. Para isso, o governo deve desenvolver mecanismos para financiar, com recursos públicos, bens e serviços produzidos pelo setor privado e para regulamentar este setor.

Dado que o setor privado vem desenvolvendo e executando em paralelo ao setor público uma série de programas sociais, vimos que ele pode também contribuir para o aumento da efetividade do gasto social brasileiro. Sua atuação evidentemente se concentra no lado da oferta dos programas sociais e são três os instrumentos enumerados que potencializam este ganho de efetividade. O primeiro é a focalização, ou seja, eleger as camadas mais carentes da população como alvo das intervenções e utilizar os mecanismos adequados para se chegar a elas.

Um segundo é trabalhar para garantir a maior eficácia possível às intervenções, o que requer submetê-las a avaliações criteriosas. Tornando público não só os resultados destas avaliações, mas também as técnicas aplicadas e as informações levantadas, o setor privado estaria incentivando a cultura de avaliação entre gestores de programas sociais públicos. Em terceiro lugar, é muito importante que o setor privado, na condição de patrocinador de programas sociais, se integre à oferta pública, garantindo assim maior eficiência e coerência ao gasto social como um todo.

2 CONTRIBUIÇÃO SOCIAL DAS EMPRESAS

2.1 Introdução

Em qualquer sociedade de mercado, as empresas, ao perseguirem suas atividades-fim, acabam contribuindo socialmente. Isso porque ao proverem bens e serviços, contratarem mão-de-obra e gerarem ganhos de produtividade, sempre satisfazendo a uma ampla regulamentação,[7] elevam diretamente o bem-estar social. Além disso, indiretamente, também contribuem para o bem-estar social na medida em que pagam impostos.

Crescentemente as empresas têm demonstrado interesse em expandir sua contribuição social para além do que tradicionalmente espera-se delas, mesmo quando estão em jogo medidas que venham a reduzir lucros em favor de melhorar o bem-estar de consumidores, trabalhadores, da comunidade local e mesmo da sociedade em geral. Esta nova postura das empresas é descrita e analisada por Urani e Roure (2003). Procuramos aprofundar dois temas tratados por estes autores: a) a construção do conceito de CONTRIBUIÇÃO SOCIAL DAS EMPRESAS; e b) as formas de atuação social das empresas, bem como sua coordenação com as ações do Estado, de maneira a assegurar a devida complementaridade e eficácia.

2.2 Novas formas de contribuição social das empresas

Iniciamos esclarecendo o que entendemos como novas formas de contribuição social das empresas. Tratam-se de renúncias voluntárias de lucro movidas pelo objetivo de melhorar o bem-estar de consumidores, trabalhadores, comunidade local ou mesmo da sociedade em geral. Assim, o pagamento de impostos, apesar de ser uma contribuição social das empresas, não se enquadraria nesta definição por ser esta uma ação compulsória. Tampouco o financiamento de atividades culturais e esportivas com o objetivo de promover a empresa, ou os investimentos sociais nos trabalhadores da empresa,[8] ou a provisão não subsidiada de bens e serviços às camadas mais pobres da população[9] se enquadram nesta definição, na medida em que não sacrificam a lucratividade. Estas atividades, embora possam vir a ter grande impacto sobre o bem-estar social, têm como motivação fundamentalmente a maximização do lucro.

Vale ressaltar que, nesta definição, o que importa é a intencionalidade da ação, e não o resultado final gerado por ela. Assim, para que uma ação possa ser tratada como uma nova contribuição social da empresa, o que importa não é se ela, ao final, reduziu ou não a lucratividade, mas sim se a decisão de realizá-la foi tomada na expectativa de que a lucratividade seria sacrificada.[10]

De uma maneira geral, estas novas formas de contribuição social podem ser classificadas em dois grandes grupos: as contribuições a) relacionadas à atividade-fim; e b) aquelas não relacionadas à atividade-fim da empresa.

Fazem parte deste primeiro grupo as regras auto-impostas pelas empresas para além do que já é exigido pelo Estado e pelas organizações internacionais. São ações que sacrificam voluntariamente o lucro da empresa com o objetivo de melhorar a qualidade do produto, reduzir o preço, melhorar as condições de trabalho, incluindo a questão da segurança, reduzir a degradação do meio ambiente etc. As empresas buscam funcionar num padrão que aumenta o bem-estar social mais do que estabelecem as regulamentações vigentes.

Já o segundo grupo é composto pelas ações que não fazem parte da atividade-fim da empresa e cuja motivação para realizá-las não está no aumento da lucratividade corrente ou futura. Este é o caso, por exemplo, de uma empresa produtora de sapatos que resolve distribuir alimentos em comunidades carentes ou produzir reforço escolar para crianças que freqüentam o ensino fundamental.

Por estarmos particularmente interessados na complementaridade e coordenação entre as ações dos setores público e privado, concentraremos nossa atenção neste segundo grande grupo de contribuições sociais, isto é, naquelas contribuições não relacionadas à atividade-fim da empresa.

2.3 O papel das empresas

Embora seja muito relevante identificar e avaliar as motivações[11] das empresas para realizar estas novas contribuições sociais não relacionadas a sua atividade-fim, nesta nota nos concentramos apenas na reflexão a respeito de quais poderiam ser os papéis reservados ao setor privado para a realização de programas sociais no País.

Acima de tudo, o papel primordial do setor privado é o de aumentar o volume de recursos dedicados à provisão de serviços sociais. Todavia, este setor pode ainda ter um outro papel fundamental na melhoria direta e indireta da eficiência e eficácia dos programas sociais existentes do governo. As técnicas de gerenciamento e a cultura do setor empresarial de valorização da eficiência e da eficácia não só garantem maior impacto às contribuições sociais das empresas, mas também, ao serem difundidas, podem vir a melhorar o impacto das próprias ações do setor público.

2.4 Dificuldades para as empresas

Para que a contribuição social das empresas seja efetiva, três dificuldades devem ser levadas em consideração. De um lado, existe o risco das ações promovidas pelas empresas substituírem ações do Estado, o que acaba gerando um jogo de soma nula do qual a população pouco se beneficia. É como se entrasse a responsabilidade da empresa e saísse a do Estado. Assim, para que as ações das empresas sejam verdadeiramente efetivas, é fundamental evitar que estas venham a substituir ações do Estado ou mesmo de outras empresas. É preciso garantir que se está efetivamente somando esforço aos programas sociais.

De outro lado, é preciso atentar para a coordenação de esforços, uma vez que numa mesma comunidade podem atuar diversas empresas e também os três níveis de governo. A fim de otimizar a utilização dos recursos disponíveis, é importante que cada agente provedor de um bem ou serviço social tenha pleno conhecimento das ações dos demais, para evitar sobreposições e desperdícios.

Em terceiro lugar, é muito importante oferecer ações integradas a uma mesma família, explorando, dessa forma, a complementaridade entre as ações, o que lhes confere maior eficácia. Por exemplo, um programa de geração de emprego e renda para mães desempregadas será muito mais efetivo caso a família possa contar também com serviços de creche de boa qualidade para suas crianças. Dessa forma, se o programa de geração de emprego e renda é oferecido por uma empresa e o serviço de creche, pelo município, então, é fundamental coordenar as ações desses agentes de tal forma que uma mesma família possa ter acesso a ambos.

2.5 Áreas de atuação para as empresas

Estas novas formas de contribuição social das empresas podem se dar em três áreas distintas: a) apoio a programas do governo; b) difusão de melhores práticas; e c) provisão de serviços.

A primeira destas áreas limita a atuação das empresas a prestar apoio a programas governamentais ou não-governamentais, seja incrementando os recursos dedicados aos mesmos ou fornecendo apoio logístico-operacional. É muito importante chamar a atenção, neste caso, para a possibilidade de apoio ao desenvolvimento de programas inovadores, que na falta de atuação das empresas poderiam mesmo não existir. Se de um lado esta primeira área de atuação pode facilmente levar as empresas a substituírem recursos públicos, de outro pode facilitar o trabalho de coordenação entre as ações dos setores privado e público.

A segunda área diz respeito à difusão de melhores práticas em programas sociais. Estas práticas podem ser tanto tecnologias mais efetivas como, também, melhores formas de gestão. As empresas poderiam se envolver na avaliação das práticas em uso, novas e em desenvolvimento, buscando sempre difundir os resultados obtidos. Além disso, poderiam mergulhar no desenvolvimento de novas práticas, tecnologias e formas de gestão. Nesta área de atuação em particular, as empresas assumem uma posição naturalmente complementar a do Estado, limitando, dessa forma, o risco de substituição de recursos e funções públicas. De outro lado, a dificuldade e a necessidade de coordenação das ações dos setores privado e público passam a ser extremamente relevantes. Por exemplo, pouca utilidade terá um programa testado por uma empresa se o resultado não for incorporado por aqueles agentes públicos ou privados que o oferecem.

Por fim, uma terceira área de atuação para as empresas é a provisão direta de serviços em parceria com o setor público ou de forma totalmente independente. Se o apoio aos programas do governo, conforme vimos, aumenta a possibilidade de que o recurso privado simplesmente substitua o público, nesta terceira área de atuação, por existir uma incerteza sobre se o setor privado vai de fato permanecer realizando a ação, o Estado tem o incentivo de não retirar seus recursos. De outro lado, nesta terceira área de atuação, existem sérias dificuldades de coordenação e exploração de complementaridades tanto na produção do serviço como no atendimento aos beneficiários, o que pode vir a limitar muito a eficácia de programas privados pouco articulados com o setor público.

2.6 Considerações finais

Buscamos precisar o que devem ser consideradas NOVAS FORMAS DE CONTRIBUIÇÃO SOCIAL DAS EMPRESAS. Argumentamos que é preciso haver intencionalidade por parte da empresa de sacrificar seu lucro em benefício do bem-estar dos trabalhadores, consumidores, comunidade ou sociedade em geral.

Vimos que as empresas podem buscar estas novas contribuições tanto no exercício de sua própria atividade-fim como também desenvolvendo ou promovendo atividades não vinculadas, próprias do terreno governamental. É neste segundo ramo que a interação com o setor público é mais importante e merece atenção especial.

Esta nova atuação social das empresas é importante tanto pelo aporte adicional de recursos para programas sociais, como também pela *expertise* trazida. As empresas emprestam à política social seus padrões de eficiência e eficácia, desenvolvendo e/ou difundindo novas tecnologias e formas de gestão.

A participação das empresas em atividades tipicamente governamentais deve reconhecer e enfrentar três grandes dificuldades: a) garantir que seu esforço seja somado ao do setor público, e não apenas o substituir; b) buscar se articular com as ações do setor público e demais ações de outras empresas com o objetivo de evitar sobreposições e desperdícios; e c) explorar a complementaridade no atendimento dos beneficiários. Dessa forma, seria possível reduzir custos e elevar o impacto conjunto dos esforços público e privado.

Quanto mais as empresas buscarem reforçar programas governamentais, mais fácil será a coordenação e a articulação de suas ações com as do setor público, porém maiores serão os riscos de substituição de recursos públicos por privados.

De outro lado, quanto mais independentes forem as ações das empresas, mais difícil será a coordenação e a articulação com o setor público. A vantagem neste caso é o menor risco de substituição de esforços públicos por privados.

NOTAS

1. Estimativas do impacto das reduções no grau de desigualdade sobre a pobreza e a extrema pobreza podem ser encontradas no estudo de Barros, Carvalho e Franco (2004).

2. O conteúdo dessas duas seções está inteiramente baseado em estudo anterior de Barros e Carvalho (2004).

3. O programa Bolsa-Família oferece às famílias que vivem com renda *per capita* inferior à linha de extrema pobreza um piso de R$ 50,00, além dos benefícios por criança. De qualquer maneira, vale frisar que mesmo incluindo este piso, as famílias com crianças recebem benefícios bem menores do que aquelas com a presença de idosos.

4. Neste estudo sobre o grau de focalização finalmente atingido, os 16 programas sociais considerados foram: (1) Abono Salarial; (2) Seguro-Desemprego; (3) Bolsa-Alimentação; (4) Agente Comunitário de Saúde; (5) Saúde da Família – PSF; (6) Programa de Erradicação do Trabalho Infantil (Peti); (7) Agente Jovem para o Desenvolvimento Social e Humano; (8) Atenção à Criança de 0 a 6 anos; (9) Atenção ao Idoso; (10) Atenção aos Portadores de Deficiência; (11) Benefício de Prestação Continuada; (12) Programa Nacional de Agricultura Familiar (Pronaf), (13) Bolsa-Escola; (14) Alimentação-Escolar; (15) Livro didático; (16) Auxílio-Gás.

5. Alguns exemplos de grandes programas que se submeteram a uma avaliação de impacto são o Planfor, cuja avaliação foi realizada pelo Ipea, e o Bolsa-Alimentação, com avaliação elaborada pelo International Food Policy Research Institute (IFPRI).

6. Assumindo aqui que o setor privado esteja de acordo em voltar seus recursos para a população mais carente.

7. Estas incluem o cumprimento da legislação trabalhista, regras de segurança, regras de conservação ambiental etc.

8. Os investimentos nos trabalhadores, apesar de sacrificarem o lucro corrente, podem aumentar a lucratividade de longo prazo.

9. Neste caso, os empresários estão simplesmente reconhecendo que as camadas mais pobres também representam uma fatia do mercado.

10. Note que, se para desenvolver uma ação a empresa estiver disposta a sacrificar a sua lucratividade, esta ação também pode ser considerada uma nova forma de contribuição social.

11. Para uma discussão sobre esta questão das motivações, veja Peliano, 2003.

REFERÊNCIAS BIBLIOGRÁFICAS

AMSBERG, J. V.; LANJOUW, P.; NEAD, K. "A focalização do gasto social sobre a pobreza no Brasil." In: HENRIQUES, R. (org.). *Desigualdade e pobreza no Brasil.* Rio de Janeiro: Ipea, 2000, p. 740.

BARROS, R. P.; BLANCO, M.; TELES, J. *A eficácia das políticas de trabalho e renda no combate à pobreza.* In: VELLOSO, J. P. R.; ALBUQUERQUE, R. C. (orgs.). Fórum Nacional Soluções para a Questão do Emprego. Rio de Janeiro: José Olímpio, 2001, p. 59-125.

BARROS, R. P.; CARVALHO, M. *Desafios para a política social brasileira.* In: URANI, A.; GIAMBIAGI, F.; REIS, J. G. (orgs.). *Reformas no Brasil: balanço e agenda.* Rio de Janeiro: Nova Fronteira, 2004. p. 433-455.

PELIANO, Anna Maria T. Medeiros (coord.). *Bondade ou interesse? Como e por que as empresas atuam na área social.* 2.ed. Brasília: Ipea, 2003.

sobre os autores

MARTA PORTO (organização)

Jornalista, pós-graduada em Planejamento Estratégico e Sistemas de Informação (PUC-MG), com mestrado em Ciência da Informação. Exerceu distintos cargos públicos, privados e em organismos internacionais, sempre liderando processos no campo social. Atualmente é diretora-presidente da (X) Brasil, escritório de comunicação em causas públicas que atua em toda a América Latina. Foi agraciada com alguns prêmios nacionais, como o Orilaxé 2000, Beija-Flor 2001 e Menção Honrosa do Governo do Estado do Rio de Janeiro, e um internacional – Prix Mobius de Multimídia Cultural, Ministério da Cultura França, 1997 – por sua atuação à frente de projetos socioeducativos.

ANDRÉ URANI

Doutor em Economia pelo Delta (Paris, França), *Diplome d'Etudes Approfondies* (DEA) em Economia pelo Delta (Paris,França), mestre e bacharel em Economia pela PUC-RJ. É professor-adjunto do Instituto de Economia da Universidade Federal do Rio de Janeiro (UFRJ), presidente do Conselho de Administração do Instituto de Estudos do Trabalho e Sociedade (Iets) e comentarista do Jornal do Futura, da TV Futura. Foi secretário municipal do Trabalho da Cidade do Rio de Janeiro (1997-2000) e integra diversos conselhos e comissões nacionais e internacionais ligados às áreas econômica e social.

MÔNICA DE ROURE

Doutora em Literatura Comparada e mestre em História Social da Cultura, é sócia-diretora da Innovatio Planejamento e Desenvolvimento. Foi diretora de Operações Internacionais e diretora do Programa Brasil da Ashoka Empreendedores Sociais (1997-2002). Tem experiência executiva na administração de recursos humanos e financeiros, e no desenvolvimento de organizações sem fins lucrativos; transformou o programa da Ashoka Empreendedores Sociais no Brasil em um programa modelo; tem proficiência na avaliação de iniciativas sociais e de desenvolvimento sustentado e coordena iniciativas de planejamento estratégico no Brasil e nos Estados Unidos.

Colaboradores (em ordem alfabética)

Cindy Lessa

Graduada em Sociologia nos EUA e com pós-graduação em História da Arte (PUC-RJ), é representante do Instituto Synergos no Brasil e integra o conselho de diversas organizações internacionais e brasileiras. Com mais de 15 anos de experiência no Terceiro Setor, foi representante da Fundação Ashoka no Brasil e para o Cone Sul, consultora da Fundação MacArthur, Levi-Straus, Brystol-Myers Squibb e Funbio, entre outras.

Isabella Rosado Nunes

Jornalista (PUC-RJ) com pós-graduação em Marketing (FGV-RJ), coordena a Assessoria de Responsabilidade Social Empresarial da Federação das Indústrias do Estado do Rio de Janeiro (Firjan). Integra a rede do Programa Ação Empresarial pela Cidadania, uma iniciativa da Fundação Avina e de organizações de 13 estados brasileiros. É líder da Fundação Avina e conselheira do Instituto Saúde Criança Renascer, do Grupo Cultural Afro-Reggae, da ONG Criola e do Instituto Rio. É diretora do Instituto de Comunicação e Responsabilidade Social.

Marcos Arruda

Economista e educador do Instituto de Políticas Alternativas para o Cone Sul (Pacs) do Rio de Janeiro e do Instituto Transnacional (Amsterdã, Holanda). Representa a Rede Brasil sobre Instituições Multilaterais na coordenação da Rede Jubileu Brasil. É facilitador do módulo de Economia Solidária em vários *campi* da Universidade Internacional da Paz (Unipaz) e de cursos da Rede de Ecovilas. É autor de livros e pesquisas sobre a dívida externa e ajuste estrutural publicados no Brasil e no exterior.

Mirela de Carvalho

Economista (IE-UFRJ) e mestre em Sociologia (Iuperj), é doutoranda em Sociologia também pelo Iuperj. Desde 2001, é pesquisadora no Ipea e, em 2003, tornou-se também pesquisadora no Instituto de Estudos do Trabalho e Sociedade. Participou de diversas pesquisas nestas duas instituições, tendo algumas delas rendido a publicação de livros, como *La igualdad como estrategia de combate a la pobreza en Panamá e Acesso ao trabalho e podutividade no Brasil: implicações para crescimento, pobreza e desigualdade*.

Nisia Duarte Werneck

Consultora na área de Responsabilidade Social Corporativa e de Gestão para o Terceiro Setor. Participou de diversos movimentos de mobilização social, entre eles o pioneiro Pacto de Minas pela Educação. É professora na Fundação Dom Cabral, consultora do Instituto Junia Rabello e de outras empresas e organizações.

Ricardo Paes de Barros

Pós-Doutorado pela Yale University e pela University of Chicago, pertenceu à Diretoria de Estudos Sociais do Ipea e é professor-assistente de Economia no Economic Growth Center, além de membro do Conselho de Estudos Latino-Americano na Yale University. Ganhou diversos prêmios, entre eles o Prêmio Haralambos Simeonidis, em 2000.

Este livro foi composto por Andréa Ayer
nas fontes Berkeley Old Style e Futura e
impresso pela Editora Gráfica Bernardi
em papel Chamois $90g/m^2$ Dunas para
a Editora Senac Rio, em junho de 2005.